들어가기 전.

이 책은 아이가 **말로 의사소통**하는 방법을 **가정에서** 이끌어주고 싶은 부모님에게 실행 방법을 알려주는 책.

처음으로 책을 써야겠다고 마음먹고나서 그 동안 이곳저곳에 쌓아놓기만 했던 자투리 글을 가져와서 다듬기 시작했다. 이것도 저것도 다 전하고 싶은 마음에 무작정 글을 엮어보았지만, 내 자신도 '무슨 말을 하려는 것인지'를 몰랐다. 그래서 '책을 쓰는 방법'에 관한 책을 읽었다.

'누구에게, 어떤 목적으로, 무엇을 전달하는 어떤 종류의 책인가'
그제서야 나는 욕심을 조금 내려놓고 이 책의 독자를 상상하게 되었고, 내 중심의 사고에서 독자를 생각하기 시작했다.

'누구에게 이 글을 전하는 거지?'
아이 말을 직접 가르쳐주려는 부모님.

'이미 수많은 책이 있는데 굳이 내가 책을 써야하는 이유는?'
직접적인 노하우를 가르치는 책은 별로 없어. 대부분 아이의 언어촉진놀이 정도를 담은 책이었어. 실제로 말을 시작하지 않아 애가 타는 부모님들은 그 방법대로 했다가는 좌절만 했을 걸… 말 늦은 아이들 중 예민하고 까탈스러운 기질이거나 자폐스펙트럼 성향이 있는 경우 체계적으로 적용할 수 있는 방법을 알려야 해.

'무엇을 전달하려고?'
말소리, 인지, 의사소통을 이끌어 주는 방법!
집에서 엄마표로도 할 수 있는 구체적인 실행방법.

"무발화 아이들에게도 적용할 수 있는 방법을 널리 알려주는 분은 거의 없어요. 탁트임 미미선생님과 무지개선생님이 그 역할을 해주시고 계세요. 이미 말 잘 하는 아이들 더 잘하게 하는 언어치료 말고요. 저희 아이처럼 어려운 아이들을 위해 힘써주시길 부탁드려요."

어느 어머니께서 말씀하신 내용이 늘 가슴에 남아 귓가에 맴돈다.

임상에서 수많은 아이들을 만나며
더 좋은 방법을 고민하고 시도하고 수정하는 과정을 겪었지만
아직 나의 프로그램과 노하우는 부족한 점이 많다.
하지만 이 책이 누군가에게는 한줄기 빛이 될 수도 있다는 생각에
용기 내어 이렇게 풀어내게 되었다.

이 책에서 다룰 것은.

아이가 말을 하기 이전 단계를 **언어이전기** 또는 **무발화 단계**라고 합니다. 이 책에서는 언어이전기인 아이가 언어를 사용하기까지 이끌어주고, 나아가 어휘를 확장하도록 도와주는 방법을 다루고 있습니다.

말을 안 하는 아이가 말을 시작하려면 어떤 것들을 이끌어주어야 할까요?

한 아이의 언어발달을 위해서 끌어주어야 할 것은 언어 이외에도 인지, 운동, 감각통합, 정서, 사회성 등 많은 영역이 있습니다. 그러나 현실적으로 이 모든 영역에 대해 전문적으로 공부할 수도 없고, 모두 접목할 수도 없지요. 그래서 저는 발달 영역의 기초적인 원리와 구성요소들 중 일부를 함께 다룸으로써 보다 효율적으로 언어발달을 이끌어내려는 시도를 하였습니다. 각 영역의 내용들을 다 포함하는 것이 아니라 언어를 이끌기 위한 아주 일부만을 접목했다고 보시면 됩니다.

다음 그림을 보세요.

A, B, C 3명이 긴 줄로 발을 묶어서 달리기를 해요.
C가 아무리 빠르더라도 다른 두 명이 따라오지 못한다면 결승점까지 결코 도달할 수 없겠지요. 조금 앞서서 달릴 수는 있지만 결국 뒤에서 팽팽히 당겨지는 줄 때문에 앞으로 나아갈 수는 없을 거예요.

말을 배우는 것도 이러한 과정과 같아요.
의사소통 능력이 좋아서, 상대방의 의도를 잘 읽고 상황에 적절한 행동을 하고, 몸짓으로 표현하더라도 사물의 이름을 모르거나, 말소리를 낼 수 없다면 말을 주고받을 수가 없지요.

말소리를 따라하는 능력이 좋은데 따라하기만 하고, 그것이 의미하는 바를 모른다면 역시 말로 의사소통을 할 수가 없겠지요.

또 말소리의 의미를 이해하고 있다고 해도 그 말을 의사소통상황에서 쓸 수 없다면?

결국 **언어로 의사소통하기**라는 목표를 위해서는 3개 영역 모두를 고려하여 함께 나아가야 한다는 것입니다. 그동안 우리 아이의 잘 하는 면만을 보고 "왜 말을 안 할까?"라고 고민하셨다면 보지 못했던 다른 영역들을 살펴보세요. 그리고 현재 할 수 있는 수준부터 차근차근 이끌어주세요. 속도는 더디더라도 방향을 잘 잡으면 반드시 앞으로 나아간답니다.

책의 모든 것을 적용하거나 페이지 순서대로 적용하기보다는
독자 각자의 아이에게 맞는 목표와 활동을 적용하길 바랍니다.

소중한 아이의 말이 탁 트이길 바라며
마음 가득 담아 응원합니다.

목차

Part 1.
엄마의 준비운동(기초개념 3가지)

- 14 적절한 의사소통
- 16 부적절한 의사소통
- 20 인지가 뭐죠?
- 24 말소리는 어떻게 해서 내게 되나요?
- 27 반사적 말소리, 의도적 말소리
- 29 우리 아이 말 준비 체크리스트

Part 2.
말 가르치기 전 이것부터!

- 32 의사소통 첫걸음! 주세요 손동작
- 34 상대를 보지 않고 요구사항만 말하는 아이
- 36 의사소통하려는 의도
- 38 행동요구하기-열어, 와, 가
- 40 그림을 이용해서 의사소통해요.
- 42 아이가 그림교환의 의미를 모른다면
- 44 의도적 발성하기
- 46 행동모방
- 48 기초 구강운동
- 50 율동모방
- 52 포인팅 가르치기
- 54 거부 표현 가르치기
- 58 듣고 지시따르기
- 60 지시따르기 엄마한테, 아빠한테
- 62 매칭하기
- 64 노래 고르기

Part 3.
말을 가르치기!

- 68 어휘리스트
- 70 말로 요구하기
- 72 이름말하기
- 76 엄마, 아빠 부르기
- 78 호명반응 가르치기(네 대답하기)
- 80 인사하기
- 82 어디있나 여기— 1석 4조의 기특한 활동
- 86 아이의 생각풍선을 언어화하기
- 88 동사로 명령하기
- 90 동사로 상황이야기하기
- 92 동사학습하기
- 94 말늦은아이에게 '주세요' 대신 '줘'
- 96 응 대신 네 대답해요!
- 98 예 아니오 대답하기

Part 4.
말소리 다양하게 내기

- 104 글자와 말소리는 달라요! 말소리 체계를 알아봐요.
- 106 단어를 스스로 말하려면
- 108 복잡한 단어 발음팁
- 112 말하기 쉬운 단어
- 114 구강운동
- 116 모음
- 118 입술소리(양순음)
- 120 양순음 이끌어주는 활동
- 122 혀 앞쪽소리(치조음)
- 124 치조음 이끌어주는 활동
- 126 혀 뒤쪽소리(연구개음)
- 128 연구개음 이끌어주는 활동
- 130 마찰소리 내기
- 132 콧소리내기(비음)
- 136 말늦은아이 발음 이끌어주는 팁
- 139 우리 아이 발음 체크하기

Part 5.
인지적 확장

142 수용언어, 화용언어 체크하기
146 어휘확장
148 예스 노 대답의 확장
150 눈 앞에 보이지 않는 것도 말하기
152 두 단어 연결하기
156 의문문에 대답하기
158 질문하기

Part 6.
엄마표 활동에 관심이 없다면

162 엄마가 바라는 것, 엄마가 돌아볼 것
164 아이의 눈높이에 맞추기
166 같이 있는 게 편안한다
170 같이 노는 것이 즐겁다. 같은 것을 본다.
172 눈맞춤을 한다
174 자폐스펙트럼 아동을 위한 집중적 상호작용
176 시도와 반응을 적절하게
178 지시따르기 잘 안 되는 아이라면
180 백마디 말보다 한턴 주고받기
182 한번에 한가지목표
184 비디오모델링

Part 7.
질문모음

188 시켜야 말하는 아이

189 아이 발음을 못 알아 들을 때

190 물을 우라고 발음해요

191 단어를 늘려야 하나요, 문장 확장을 해야하나요?

192 물 줄까 따라말하는 아이

193 상대가 해야 할 말을 자신이 해요

194 반복적인 질문을 해요

195 바지는 잘 말하는데 , 가방은 가강이라고 말해요

196 한음절로만 말하는 아이

197 혀를 후방화하는 아이

198 맺음말

1 엄마의 준비운동

어떻게 해야 아이가 말을 시작할까요?
엄마표 언어치료에 들어가기 전,
기초개념을 알아봐요.
의사소통, 말소리, 인지. 세 가지 개념입니다.

의사소통은 상대방에게 나의 의도를 전달하는 것.
인지는 어떤 개념을 아는 것.
말소리는 발성과 발음을 해서 말소리를 만드는 것.

적절한 의사소통

"저 사람과는 소통이 잘 돼."
"이 사람은 답답해. 소통을 전혀 안 하려고 하잖아."
우리는 의사소통의 줄임말 '소통'을 일상에서 종종 사용합니다.
이 의사소통이란 것의 정의를 알아볼까요?
사전적 의미로는 서로의 생각을 말, 행동, 글 등을 통해 주고받는 것이라고 해요.
이러한 주고받기가 어떻게 적용되는 지 도식화하면 다음과 같아요.

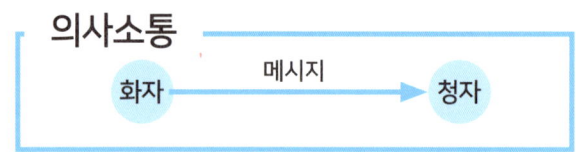

간단하죠?
의사소통은 화자가 청자한테 메시지를 전달하는 거예요.
(정확히 말하자면 '화자' '청자'는 말로 할 때의 개념이므로 '발신자' '수신자'가 맞지만, 편의상 이 책에서는 '화자' '청자'라는 용어를 쓰기로 합니다.)
적절한 의사소통은 다음과 같이 이루어집니다.

화자: 아이   청자: 엄마   메시지: 물 줘

어때요? 화자, 청자, 메시지가 적절하죠.
이번에는 말이 아닌 의사소통을 예로 들어볼게요.
선생님이 문제를 맞춘 아이에게 엄지손가락을 보여주었다.

화자: 선생님   청자: 아이   메시지: 잘했어

일반적으로는 이렇게 의사소통이 이루어집니다.
꼭 메시지는 언어일 필요는 없어요.
위의 예처럼 '최고'를 표현하는 것처럼
사람의 제스처나 표정 등으로 표현할 수도 있어요.
최고, 빠이빠이, 오케이 등의 손동작이 아니더라도
어떤 행동을 보여줌으로써 메시지를 전달하기도 해요.
버스정류장에서 버스를 기다리다가 타지 않을 버스가 다가올 때
뒤로 물러서거나 뒤돌아서는 것이 '**안 탈 것이니 지나가세요**'라는 메시지겠죠.
또, 들어오지 말라고 입구에 테이프를 두르는 것 같이
도구를 이용하여 메시지를 표현할 수도 있어요.

중요한 것은
이러한 메시지에 화자의 '의도'가 담겨야 하고,
청자는 그 '의도'를 읽어내야 의사소통이 이루어진다는 것입니다.

부적절한 의사소통

어린 아이들은 완벽한 의사소통자가 아니지요.
화자역할을 못 할수도 있고 청자역할을 못할수도 있고 메시지를 구성하는 것도,
메시지를 전달하는 방식도 적절하지 않을 수 있어요. 다음 예시를 보세요.

상황: 높은 선반 위에 과자가 있어요.

A는 먹고 싶지만 그 과자를 그냥 올려다 보고 있어요

B는 엄마손을 끌고 와서 선반 앞에 멈추었어요.

C는 바닥에 주저 앉아서 울었어요.

D는 선반을 손가락으로 가리키며 '아아아아'하고 소리를 냈어요.
엄마가 오지 않자 엄마쪽을 바라보며 더 큰 소리를 냈어요.

E는 선반을 손가락으로 가리키며 '아아아'하고 소리를 냈지만
과자를 보고 있어요. 엄마가 무얼 하는지, 자신의 말을
들었는지 살펴보지는 않아요

A~E, 5명의 아이들은 모두 말을 못하는 아이들이지만 5명의 의사소통방식이 달라요.
A는 의사소통시도를 하지 않았어요.
'과자가 저기 있구나' 아는 것은 **인지능력**이지 의사소통은 아니에요.

> 인지능력과 의사소통은 어떻게 다른걸까요?
> "가방에 사탕이 있는 것을 알고 가방을 뒤져요. 이것도 의사소통이지요?"
> 아니오. 가방 안에 사탕이 있다와 그걸 꺼내면 된다라는 것을 아는
> **인지능력**이 있다고 볼 수 있는거죠.
> **의사소통**에는 상대에게 메시지를 전달하려는 생각이 있어야 합니다.
> 혼자 문제를 해결하는 인지능력과는 차이가 있습니다.

B는 엄마손을 잡고 끌어 선반으로 데리고 왔어요.
이것은 의사소통으로 볼 수도 있고 아닐 수도 있어요. 상대에게 전달하려는 의도 없이
그저 손만 끌고 온다면 의사소통이 아니에요. 화자인 아이가 청자인 엄마에게 **'이리 와'**
라는 의도를 가지고 **'손을 잡아 끌기'**라는 행동으로 표현했다면 의사소통이라 할 수 있고
점차 메시지의 표현방식을 제스쳐나 발성으로 이끌어주어야 해요.

바닥에 주저 앉아 그냥 울기만 한 C의 경우를 볼게요.
엄마에게 전달하려고 울었다면 의사소통일 수 있어요. 하지만 엄마를 의식하지 않고
울었을 수도 있지요. 전자의 경우면 부적절한 메시지를 적절하게 바꿔주어야 해요.

D는 선반을 손가락으로 가리키며 '아아아아'하고 소리를 내었어요.
현재 자신의 능력으로 표현할 수 있는 방법 중, 상대가 잘 알아줄 수 있을 방법을 쓴 것
이지요. 엄마가 오지 않자 엄마쪽을 바라보며- 청자 인식을 하고 있어요.
또 청자가 자신의 메시지를 받아들이지 못하자 잘 전달하려는 노력(더 큰 소리)을 했지
요. 의사소통을 잘 하고 있는 아이라고 볼 수 있겠네요.

E는 선반을 손가락으로 가리키며 '아아아'하고 소리를 냈지만 엄마를 보지 않아요.
과자를 보고 있어요. 엄마가 무얼 하는지, 자신의 말을 들었는 지 살펴보지는 않아요.
아마도 포인팅을 하면 원하는 것을 얻게 된다는 개념은 있지만 청자 개념이 없어서
마치 불을 켜기 위해 스위치를 누르고, 물을 틀기 위해 수도꼭지를 돌리는 것처럼
포인팅을 사용하는 걸 수도 있어요.
청자 개념이 약한 자폐스펙트럼 아이들이나 감각통합, 주의력 문제로 인해 청자를 살피지
못하는 아이들도 있어요. 이 경우는 부르는 소리를 듣고 바로 뛰어가기는 하되, 과자를
즉시 꺼내주지 말고 조금 기다렸다가 엄마를 쳐다보면 과자를 꺼내 주는 게 좋겠지요.

"손끌기가 의사소통이 아닐 수도 있다니 왜 그래요?"

아직 의사소통개념이 확립되지 않은 아이들 중 수위 '크레인 증상'이라고 불리는 행동을 나타내는 아이들이 있어요. 요구사항을 들어주는 사람의 손을 만능도구로 생각하는 거예요. 그 손이 과자를 갖다주고, 그 손을 과자 뚜껑에 갖다대면 뚜껑이 열리고, 그 손을 리모콘에 갖다대면 내가 좋아하는 TV프로그램이 나오는 거라고요. 이 경우는 화자도 청자도 메시지도 없어요. 그저 이 손을 끌고 오면 내가 원하는 게 이루어진다라고 학습된 것이죠.
그래서 말을 안하는 아이인데 유난히 손끌기를 많이 하는 아이라면 아이의 시선이 원하는 물건에만 가 있는지, 상대방의 얼굴쪽을 살피는 지를 꼭 파악해보아야해요.

아이가 원하는 것을 요구할 때 어떻게 하나요?

-간식을 달라고 할 때

-물을 달라고 할 때

-장난감을 달라고 할 때

-특정한 놀이를 하자고 할 때

-밖에 나가자고 할 때

의사소통

화자가 청자에게 메시지를 전달하는 것.
화자가 의사소통의도를 가지고
적절한 메시지를 전달하는 것.

인지가 뭐죠?

사전적 의미로 **정보를 획득하고 파지하고 활용하는 것**이며 인지의 본질은 **판단**이라고 해요. 인지능력은 지능이나 수용언어능력과 관련이 깊어요. 인지는 아주 방대한 영역이기에 여기에서 다 다룰 수 없어요. 시지각과 청지각에 대해서만 우선 알아두세요.

시지각은 보고 아는 것, 청지각은 듣고 아는 것이에요.
길을 가다가 강아지를 마주쳤을 때 '옆집 강아지네'하고 보고 판단하는 것, 이걸 시지각이라고 하구요. 집에 있는데 "멍멍" 소리가 들렸을 때 '옆집 강아지 소리네'하고 듣고 판단하는 것. 이걸 청지각이라고 해요.

시지각, 청지각은 언어발달에 밀접한 관련이 있어요.
아이들이 처음 배우는 어휘들은 주로 보고 아는 것, 듣고 아는 것이죠. 엄마라는 사람의 실체를 보면서, 엄마 목소리를 들으며 '엄마'라는 어휘를 배워요. 컵이라는 실체를 보면서 "컵"이라는 말소리를 들으며 배우지요.

그런데 내 눈앞에 펼쳐진 이미지마다 인지할 수 있는 난이도가 다르겠죠.
다음 그림을 어린 아이에게 제시한다면 이것이 강아지라고 인지할 수 있을까요?

성인들은 왼쪽 그림을 보고 강아지인 것을 알지만, 어린 아기들은 모를 수 있어요.
오른쪽 그림은 쉽게 알아볼 수 있겠죠.

이런 그림을 보고 우리는 **'손 흔들어 인사하네'**라고 인지할 수 있지만 어린 아이들은 모를 수 있어요. 그림이 움직이지 않기 때문이죠. **동영상으로 보여주면** 쉽게 인지할 수 있을거예요. 반면에 실제 행동은 인지할 수 있는데 동영상을 보면 눈에 들어오지 않을 수도 있어요. 이렇게 아이들마다 시지각 발달수준이 다양한 것을 고려해야 해요.

글자를 막 배우기 시작한 아이들이 '아'와 '어'를 구별해서 쓰지 못하거나 'ㄹ'이나 'S'자를 좌우대칭으로 쓰는 경우도 보았을 거예요. 배경이 없는 흰 바탕에 있는 그림보다 복잡한 배경에 그려진 그림을 인지하지 못할 수 있구요.
어떤 경우에는 그림보다 사진을 잘 알아보고, 또 사진보다 그림을 더 잘 알아볼 수도 있어요. 또 전체적인 것을 한 눈에 보지 못하고 부분만을 보기도 해요.

청지각도 마찬가지예요.
단순히 소리를 듣는 것이 아니라 들은 것이 뭔지 아는 것이 청지각이에요.
성인들은 발음이 부정확한 말소리가 포함되어 있어도, 맥락으로 그 말소리를 유추하여 알아듣지요. 하지만 아이들은 어려워요. 우리가 영어를 들을 때 아는 단어는 들리지만 모르는 단어는 들리지 않는 것처럼요. 게다가 따라말하기도 어렵구요.
또 아는 단어라도 말하는 사람의 발음, 어조에 따라 알아들을 수 있기도 하고 없기도 해요. 주의를 기울여야 들을 수 있구요. 영어를 잘하시는 분은 이러한 예가 이해가 안 될 수 있으니 아랍어나 아프리카어를 떠올려보시는 것도 좋겠네요.
분명히 귀에는 들리지만 그것을 따라 말할 수는 없어요. 머릿속에 그 나라 말소리의 체계가 잡혀있지 않아서요.

　아기들이 돌 무렵이 되면 모국어를 인식할 수 있다고 해요. 즉 외국어를 들었을 때 '우리 엄마, 아빠가 쓰는 말이랑 다르네'라고 인지할 수 있다는 거죠. 말의 의미를 다 알아듣지는 못해도요. 아이가 말을 하려면 우선 이러한 모국어 말소리 지각체계가 갖춰져야겠지요.
그런데 우리말인지 외국어인지 구분하기 전에 더 먼저 이루어지는 것이 있어요.
이 소리가 '사람의 말소리'인가 아닌가를 인지하는 것이에요.
제가 글을 쓰고 있는 지금, 주변에서 많은 소리가 들려요. 자동차 소리, 새소리, 매미소리, 바람에 블라인드가 흔들려 창문에 부딪히는 소리…

이런 소리들을 '들어야지'라고 생각하기 전에는 들리지 않았어요. 지금 주의를 기울이니 들려요. 반면, 누군가 나를 부르는 말소리라면 주의를 기울이고 있지 않아도 바로 들리겠지요. 우리는 사람의 말소리를 가장 '중요한' 소리로 여기기 때문에 사람의 말소리에 빨리 반응을 해요. 기계가 돌아가는 소리, 에어컨 소리, 새소리 등 배경음이 있는 상황에서도 사람의 말소리를 선택적으로 주의를 기울여 들을 수 있지요.

본래 인간은 선천적으로 사람의 말소리를 선호하여 듣는다고 해요. 생후 1~4일 된 신생아도 환경적 소음보다 사람의 말소리에 더 민감하게 반응하였다는 연구결과가 있어요. 엄마뱃속에서부터 들어왔기 때문일 수도 있고, 선천적으로 타고났을 수도 있겠지요.

하지만 청지각의 문제로 인해 주변 소음이 사람의 말소리보다 더 잘 들리는 사람도 있어요. 특히 자폐스펙트럼장애가 있는 유아는 소음이 있는 상황에서 사람의 말소리를 구분해 내는 것을 어려워한다(Alcantara 외, 2004)고 해요. 그러니 말을 따라하게 시키기 이전에 사람의 말소리에 관심부터 가질 수 있게 이끌어주어야겠죠.

아이가 말을 알아듣는 것이 어렵다는 것을 알아주시고,
아이의 청지각 발달 수준에 맞게,
쉽고 짧은 말로 천천히 또박또박 말해주는 것이 좋아요.

인지

보고 아는 것, 시지각
듣고 아는 것, 청지각

말소리는 어떻게 해서 내게 되나요?

뇌에서 '말소리를 내라'는 명령을 보내면 담당 근육이 움직여요.
그 다음 폐에서 호흡을 하고, 성대가 울려 발성을 해요.
혀/턱/입술/연구개를 움직여 조음(발음)을 하고 그 소리를 입안이나 코 속에서 울리는 공명을 하게 되지요.

 폐에서 공기가 올라와 말할 때 코나 입으로 나오는 것.
손바닥을 입과 코 앞에 바짝 대고 말하면 기류가 느껴지죠.

발성 목에 손을 대고 "아빠"하고 속삭여보세요. 목이 안 떨리죠?
이번에는 소리내어 "아빠" 말해보세요. 떨림이 느껴지죠?
성대가 울린 거예요. 이것이 발성입니다.

조음 이를 물고 있다가 "아" 말해보세요. 턱이 내려가죠.
"나나나나" 말해보세요. 혀가 움직이죠.
"빠빠빠빠"말하며 거울을 보세요. 입술을 붙였다 떼야하죠.
입을 크게 벌리고 거울을 보며 "악" "악" "악" 반복해보세요.
뒤쪽 입천장이 움직이는 게 보이죠.
턱, 혀, 입술, 연구개(여린입천장)를 움직여서
특정 소리를 만드는 것이 조음입니다.

 입안에 물티슈를 뭉쳐서 넣고 "아~"한다면 소리가 어떨까요?
코에 넣고 "음" 소리를 냈을 때도 작고 답답한 소리가 나죠.
공간이 비어야 잘 울리는데 방해물이 있기 때문이죠.
코나 입의 공간에서 소리가 울리는 것을 공명이라고 합니다.

'말소리내기'라고 하는 것은 바로 이 호흡/발성/공명/조음을 함께 하는 것을 말합니다.
예를 들면 강아지를 앞에 두고 "이게 뭐야?"라고 물어보았을 때,
무엇인지는 알지만 말소리를 못 만들어서 대답을 못하는 경우가 있어요.
'강아지'라는 말소리를 만들어내기 위해 호흡을 하며, 성대를 진동하고, 입술을 움직이고 턱을 내렸다 올리고 코를 울리는 것을 순간적으로 순서에 맞게 해야해요.

이렇게 수많은 근육들의 운동을 타이밍에 맞춰 동시에 내는 것이 '말소리'입니다.
말을 배우는 아이들에게는 결코 간단하고 쉬운 일이 아니에요.
우리도 말을 배울 때 수많은 시행착오를 거쳐서 말을 잘 하게 되었어요.

무성음이란 발성없는 소리
'후~'하고 살짝 숨을 내쉬어보세요. '후-'바람만 불다가 '우' 소리를 내어보세요. '하~'하고 입김만 내보내다가 '아' 소리를 내어보세요. 이렇게 소리를 낼 때 목을 만져보면 떨리는 것이 느껴져요. 바람만 불 때에는 떨리지 않아요. 이러한 떨림을 발성이라고 해요. 목 안쪽의 성대가 울리는 거예요. 앞의 바람소리는 성대가 안 울려서 무성음, 아나 우 소리는 유성음이에요.

발성: 성대를 울리는 것
무성음: 성대를 울리지 않고 내는 소리(속삭이는 소리)

'하'와 '후'의 차이는?
하, 후. 숨을 내쉴 때 입모양이 다르죠. 구체적으로는 입술, 턱, 혀의 움직임이 다르죠. 이렇게 모음이나 자음을 구별되게 만드는 것을 조음이라고 해요. 입술, 턱, 혀 외에도 연구개(뒤쪽 입천장)를 움직여서 숨을 입으로 빼는 지, 코로 빼는 지에 따라서 소리가 달라지기도 해요.

숨을 입을 빼고 코로 빼는 차이가 뭐죠?
'아~'하면서 코를 잡았다 놓았다 해보세요. 이번에는 '맘맘맘'하면서 해보세요. 어때요? 차이가 느껴지죠?
혀로 입천장을 훑어보시면 딱딱한 입천장을 지나 말랑한 부분이 나와요. 그 부분이 연구개예요. 연구개가 목 쪽으로 붙으면 숨이 콧길로 못 나가요. 입을 통해서 숨이 나오지요. '아' 소리를 낼 때는 입으로 나오는 소리라서 코를 막아도 영향이 없어요. 그런데 연구개가 올라가서 붙지 않았을 때에는 숨이 코로 나가요. 공기가 코를 통해서, 입을 통해서 나가면서 울리는 것을 공명이라고 해요. 어디를 울리느냐에 따라 ㅁ과 ㅂ소리가 달라지고 ㄴ과 ㄷ 소리가 달라진답니다.

반사적 말소리, 의도적 말소리

말소리 파트에서 알아두어야 개념이 또 하나 있어요.
반사적 말소리와 의도적 말소리, 그리고 따라말하기와 스스로말하기입니다.

반사적 말소리	의도적 말소리
따라 말하기	스스로 말하기

반사적 말소리란 **생각을 거치지 않고 무의식적으로 내는 말소리**입니다. 예를 들면 우리가 뜨거운 것을 만졌을 때 순간적으로 "아 뜨거."하고 말하게 되죠. 눈에 뭐가 들어가면 순간적으로 깜빡이거나 하는 행동처럼 말소리도 그렇게 반사적으로 나와요. 자동적이라고 볼 수 있어요.

반면 **의도적 말소리**는 자동적이지 않고 **생각하고 계획해서 내는** 말소리예요. "엄마 해봐." 했을 때 "엄마"라고 말하는 거죠.
"이게 뭐야?" 물어봤을 때 "개구리."하고 말하는 것도 의도적 말소리구요.
아직 말 안 트인 아이들이 엉엉 울면서 "엄마 엄마"하는 경우가 있어요. 평소에는 엄마 해보라고 해도 꾹 입 닫고 있는 아이인데 울 때만 '엄마'라고 한다면 그것은 반사적 말소리일 가능성이 커요. 어떤 말은 반사적으로만 나오고 의도적으로 안나오고, 또 어떤 말은 의도적으로만 나오고 반사적으로는 안나와요.

따라말하기와 **스스로말하기**도 구분해야해요.
따라해보라고 하며 소리를 들려주었을 때는 "개구리" 따라하는데 스스로 개구리를 보고 "개구리" 말하지는 못해요. 반사적/의도적 개념과는 다르게 생각해야하구요. 앞으로 다룰 활동들에서 예시를 들어 설명해드릴게요!

> **말소리**
>
> 호흡, 발성, 조음, 공명
> 반사적이 아닌, 의도적 말소리 내기
> 따라서도 말하고, 스스로도 말하기

말소리를 내려면 호흡, 발성, 조음, 공명의 과정을 거쳐야 해요.
같은 말소리를 낼 때에도 반사적으로 내는 능력, 의도적으로 내는 능력이 다릅니다.
말소리를 들려주어야 따라하기도 하고, 말소리 촉구가 없이도 스스로 말할 수 있기도 해요.
말을 아직 시작하지 않은 아이들이라면 이 복잡한 과정을 마음대로 계획하고 실행할 수 없으며, 실행하더라도 정교하게 움직이지 못할 수 있다는 것을 꼭 고려해야해요.

지금까지 개념정리하시느라 수고많으셨어요. 이 책의 가장 중요한 개념 3가지 의사소통, 인지, 말소리에 대해 설명드렸으니 이제 본격적인 활동에 대해 소개해드리죠!

우리 아이는 어느 정도 말을 시작할 준비가 되었는지 체크해봐요.

의사소통
- 엄마,아빠와 놀이하는 것을 즐거워하며 자신을 봐주기 바란다.
- 발성이나 행동으로 의사표현을 하려고 노력한다.
- 정확하게 말을 이해하지는 못해도 가족들의 지시를 듣고 수행한다.
- 엄마 혹은 아빠가 무엇을 보고 있는 지 확인하고 함께 보려 한다.
- 간단한 놀이에서 차례 기다리기가 가능하다.
- 도움을 청할 때 큰 소리를 낸다.

말소리
- 혀 내밀기를 시켰을 때 할 수 있다.
- '후' 불기를 모방할 수 있다.
- 입술붙이는 동작을 모방할 수 있다. ('압')
- 턱을 상하로 움직여 이를 부딪히는 행동을 모방할 수 있다.
- 정확하지 않아도 타인의 말소리를 모방하려고 시도한다.
- "아" 소리를 해보라고 시켰을 때 발성할 수 있다.
- '이~야', '우~와' 등의 부드럽게 연결하는 발성을 모방할 수 있다.
- '따따따', '까까까', '아따뿌따' 등과 같이 자음이 포함된 옹알이를 자주 한다.
- 흔히 말하는 외계어를 할 때 운율이 자연스럽다.

인지
- 같은 그림끼리 짝짓기를 할 수 있다
- 엄마 어딨어, 아빠 어딨어 질문하면 그쪽을 볼 수 있다.
- 사진이나 그림책에 관심을 가지고 유심히 본다.
- 가상놀이를 즐긴다
  (예: 인형에게 음식을 먹여줌. 빈 컵에 물이 있는 듯 마시는 행동)
- 가족들의 행동을 모방하려고 한다.
- 만세, 박수 등 간단한 행동모방이 가능하다.
- 가져오라고 말로만 지시하면 가져오는 물건이 몇 가지 있다.
- 앉아, 일어서 등 말로만 하는 지시를 몇 가지 알아 듣고 수행한다.

2
말 가르치기 전 이것부터!

우리 아이는 말을 하기 위한 준비가 되어있나요?
말을 가르치기 전에 먼저 이끌어줘야 할 것이 있어요.
말이 아니더라도 행동으로 표현을 하고
상대방의 말을 듣고 이해하고, 적절한 반응을 하는 거예요.
즉, 의사소통의 기초를 갖춰야 한다는 거죠.
아직 말소리를 원활하게 모방하지 못하는 아이에게
이끌어 줄 수 있는 목표와 활동이 이 장에 나와 있어요.

의사소통 첫걸음! '주세요' 손동작

방법
아이가 원하는 것을 가져가려 할 때, 아이 손을 모아주고 그 위에 그것을 올려줍니다. 아무 말 없이 그냥 두 손을 모아줍니다.
*탁트임언어치료 유튜브 영상 '주세요 손동작' 참고

간식을 반복적으로 주는 것도 좋고, 아이가 놀이를 할 때 놀잇감을 반복하여 건네주는 것도 좋아요. 특히 퍼즐조각이나 셋트로 구성된 장난감은 각 구성품들을 다 필요로 하기에 반복하여 받으려고 하지요.

처음에는 엄마가 손을 모아서 동작을 만들어 주고, 몇 번 반복한 후에는 아이 스스로 손을 모을 수 있게 5초 정도 기다려줍니다. 만약 기다렸는데도 만들지 못한다면 다시 도움을 주세요. 이때 주의할 점은 "주세요 해야지."라는 말을 하지 않아야 한다는 것이에요.

말소리를 가르치기 이전에 '화자, 청자, 메시지'라는 의사소통 개념을 알려주는 거예요. 화자(아이), 청자(엄마), 메시지(줘- 손으로 표현)라는 모델을 알려주는 거죠.
과자를 그냥 가져가는 것은 의사소통이 아니지만, 엄마에게 손을 내밀어 표현하는 것은 엄연한 화자, 청자가 있는 의사소통입니다. 이 때 손을 그냥 내미는 것이 아니라 두 손을 모으는 제스처를 상대에게 보여주는 것이 적절한 메시지 표현방법이지요.
이러한 비언어적 의사소통의 성공경험으로 아이는 의사소통에 재미를 느끼고 다음에도 엄마에게 의사소통 시도를 할 것입니다.

왜 말 대신 손동작을 하게 하나요?

말로 할 수 있는 아이라면 말로 하는 것이 좋지요. 그러나 말을 따라하도록 시키면 회피하는 아이나 의사소통개념이 없는 아이라면 손쉽게 비언어적으로 소통하는 방법부터 알려주는 것이 좋아요..

"주세요 해야지."라고 시키면 왜 안 되나요?

"주세요 해야지"라는 말을 하고, 그에 따라 손동작을 한다면, 즉 스스로 의사소통을 시도할 기회를 주는 것이 아니라 지시를 듣고 요구하기 행동을 하게 된다면 자발성이 떨어지게 됩니다. 그 다음에도 지시가 있어야 행동을 하고 스스로 하지 않게 되지요.

그러다가 말을 안 하면 어쩌죠?

이러한 비언어적 소통이 자발적으로 자주 이루어진다면, 그리고 말소리 내는 것이 좀 더 수월해진다면 말로 하도록 유도해도 좋아요. 동작보다 말이 편하다는 것을 아이 스스로 깨닫고 먼저 말로 시도하기도 해요.

상대를 보지 않고 요구사항만 말하는 아이

상대방을 보지 않고 원하는 사물만 보며 "주세요." 말하는 경우가 있어요.
의사소통 3요소 개념이 확립되지 않은 상태에서 "과자 주세요", "물 주세요' 등의 말을 가르치게 되면 화자와 메시지 개념은 있는데 '청자' 개념이 없게 됩니다.

 화자, 청자 개념이 있다는 것은 이것을 아는 거예요.
"물 줘."라고 말을 하면 그 소리가 상대방의 귀에 들어가고
그 사람이 그 말을 해석하여 물을 갖다주지요. 이 과정을 이해하는 거예요.

그런데 맨 위의 그림 상황처럼 엄마 손에 있는 자동차만 보면서 "차 주세요."라고 말한다면 '주세요=원하는 것을 얻는 말'이라고 학습된 거예요.
청자가 존재하며, 메시지가 청자'인 엄마에게 전달이 되어야함을 모르는 것입니다.
엄마가 지금 어떤 상황인지, 내 말을 듣고 있는지 엄마를 살펴보아야한다는 것을 알지 못합니다.

그러면 주세요 손동작은 어떨까요?
상대방 얼굴을 보면서 손으로 요구하는 것을 배우게 되면,
상황을 살피게 됩니다.
말과 달리 손동작은 꼭 상대방의 눈에 보여주어만 전달이 됩니다.
말은 보고 있지 않아도 들리잖아요.

처음에 상대방 얼굴보며 손동작하는 것을 습관으로 만들어주면
나중에 자발적으로 뒤돌아 서있는 사람에게도 앞으로 찾아와서 손을 내밉니다.

*PECS라는 그림교환 의사소통 프로그램이 있어요. 말로 의사표현을 잘 하지 못하는 경우, 원하는 것의 그림을 떼어서 상대에게 전달하는 방식인데요. 이 의사소통 방식의 핵심은 상대손에 성공적으로 쥐어주는데까지 성공해야해요. 그 그림을 혼자서 떼어서 아무데나 놓는 것과 상대의 손에 쥐어줌으로써 의사소통을 한다는 것을 깨치게하는 방식입니다. 이러한 점에서 '주세요 손동작'으로 의사소통의 개념을 깨치게 한다는 점이 PECS와 유사합니다.

말은 나 혼자서 발화해버리고나면 상대에게 자동으로 들리는 거라서 상대가 들었는지 안들었는지 확인이 어려워요. 그림전달이나 손동작 의사소통을 반복하다 되면, 상대가 다른 일을 하고 있거나 돌아앉아있을 때 주목을 시킨 후 요구해야한다는 것을 자연스레 깨치게 합니다.

*PECS: 그림교환의사소통체계. 원하는 대상을 상징하는 그림을 떼어서 상대방에게 주면 그 그림에 해당하는 실물을 제공하는 프로그램. 이 책 40페이지에 소개.

의사소통하려는 의도

의사소통 첫걸음으로 '주세요' 손동작을 알려준 다음, 또 어떤 걸 가르쳐줄까요?
아이가 의사소통을 하겠다는 의도가 있어야하는데,
무엇을 달라는 것말고 또 어떤 의도가 있을까요?
다음 표를 한번 살펴보세요.
아기들이 처음 사용하는 말은 이런 의도나 기능을 가지고 있어요.

초기구어기능(Primitive Speech Act)

명명하기	아이가 현재 조작하거나 감지하고 있는 사물의 이름대기 자동차를 가리키며 "자동차."
반복	상대방 말을 따라함. 어른이 '모자'라고 했을 때 따라서 "모자"라고 말함
대답	상대방의 질문에 대답. "이건 뭐야?"에 "토끼"하고 대답함.
행동요구	상대방이 어떤 행동을 취하도록 한다. "과자 주세요."
대답요구	상대방의 대답을 요구한다. 공을 들어올려 보이며 "공?"
부르기	상대방의 주의를 끌기 위해 부르는 것. 떨어져 있는 엄마를 보고 "엄마"라고 말해 다가오게 함
인사하기	상대방에게 자신의 도착이나 출발을 알림. "안녕." "빠이빠이" 등
거부	어떤 것을 싫어하거나 허가하지 않는다는 것을 나타냄. "싫어"
연습	앞의 문장과 연결되지 않는 말을 독백처럼 함. 아빠가 없는데 혼자서 "아빠 아빠" 말함.

이 9가지 중에서 아이가 어떤 기능을 먼저, 그리고 자주 사용하려고 할까요?

네. 맞아요. '행동요구'예요.

스스로 할 수 없는 것이 많은 아이들은 부모님에게 어떤 행동을 해달라고 요구할 때가 많아요. 행동요구하기를 표현하도록 가장 먼저 가르쳐주세요.
그 다음에 부르거나 거부, 대답하기 등을 이끌어주는 것이 좋아요.
물론 아이마다 다를 수는 있겠지요.
우선 상대의 행동을 요구하는 방법부터 생각해봐요.

뚜껑 열어달라고 할 때, 과자 포장을 뜯어 달라고 할 때, 놀고 있을 때 방해가 되는 것을 치우려고 할 때, 문 열어 달라고 할 때, 엄마가 와 주길 원할 때...
이는 의사소통할 의도가 있는 상황이지요. 이미 자신만의 방법으로 일관적으로 표현하고 있다면 그 방법으로 소통하시면 돼요. 그런데 전혀 어떠한 표현을 하지 않고 상대가 알아주기만을 바라고 있다면 스스로 표현하는 방법을 알려주세요.
다음 장에서 구체적인 방법을 알아봐요.

행동요구하기- 열어, 와, 가

아이가 다음과 같은 생각을 할 때 아이 손을 잡고 다음 동작을 만들어주세요.

열어
문을 열어달라고 할 때
뚜껑을 열어달라고 할 때
- 아이의 양 손을 주먹을 쥐어준 상태로 좌우로 부딪히기

와
엄마, 아빠가 자신이 있는 곳으로 오길 바랄 때
-오라고 손짓하기

가
아이의 놀이를 방해하는 사람
아이가 싫어하는 물건, 음식 등
- 한 손을 펴고 밀치기

처음에는 해당 상황에서 아이 손을 잡고 /열어/하면서 제스처를 도와주시고,
여러 번 반복 한 후에는 도움을 주지 말고 기다려보세요.
말로 하도록 강조하기보다는
우선 제스처 표현이 자발적으로 즉시 되는 것을 목표로 하세요.
제스처가 잘 되면 이후 말소리를 내는 것을 가르쳐주면 됩니다.
 이 때 말로 지시나 설명을 하지 말고
동작과 함께 /열어/, /가/, /와/ 이렇게만 말해주세요.

*탁트임 유튜브에서 이 3가지 방법에 대한 영상을 보실 수 있습니다.
(검색어: 탁트임 크레인)

동작으로 원하는 것 표현하기

예시	
아이가 자주 원하는 것	물 토끼인형 자동차 나가자 과자 와 버려(마이쭈를 까서 껍질을 엄마에게 줌) 열어(뚜껑 열어달라고 할 때) 까(과자 봉지 까달라고 함) 둥글게 놀이(엄마 손을 잡고 둥글게둥글게 하자고 함)
이미 표현하는 것	물: 손으로 마시는 시늉과 스읍 소리 나가자: 신발을 가져옴-> 현관을 가리키도록 유도하기
동작표현 이끌어 줄 것	열어: 양 손을 부딪히는 동작으로 유도하기 자동차: (빵빵 발음이 안되니) 입술 한번 붙였다 떼기 와: 손짓하기 토끼인형: 깡총 동작으로 표현하기

우리 아이	
아이가 자주 원하는 것	
이미 표현하는 것	
동작표현 이끌어 줄 것	

그림을 이용해서 의사소통해요.

아이가 전달하려고 하는 메시지가 있는데 표현하지 못해 답답한 경우가 있지요.
예를 들어서 아이가 '주세요 손동작'은 하는데 뭘 달라는 것인지 몰라요.
이럴 때는 그림교환 의사소통방법을 알려주세요.

아이가 좋아하는 간식이나 장난감, 필요한 물건들을 떠올려보세요.
좋아하는 노래나 동영상도 좋아요.
그것을 상징하는 그림이나 사진을 붙이세요.
예를 들어서 다음과 같이 그림 구성을 할 수 있어요.

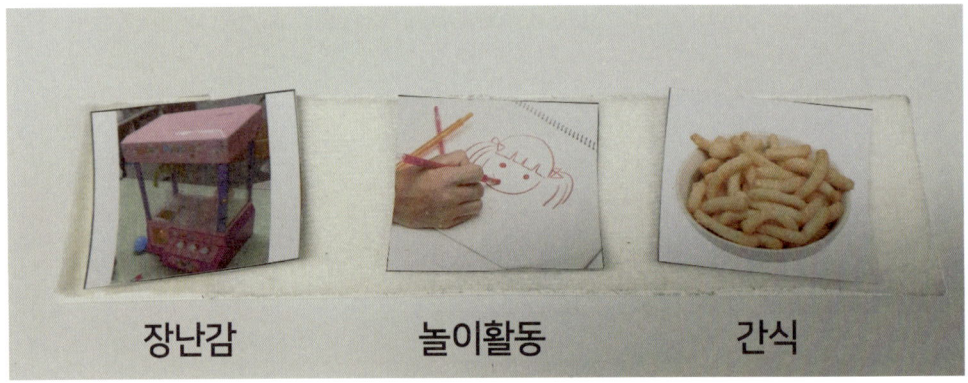

상징그림은 https://www.aacexchange.net 사람과소통 홈페이지에서 다운 받으실 수 있어요

이렇게 아이가 선호하는 것을 그림판에 붙여서
아이가 그것을 요구할 때 그림을 떼어 엄마, 아빠에게 주도록 하세요.
처음에는 규칙을 모르니 **부모님이 아이 손을 잡고 함께 떼어서**
엄마 손에 올려놓는 방법으로 시작하세요.
일주일 정도 함께 떼는 연습을 한 후, 그림판 아이 손 닿는 곳에 놓고 아이 스스로
그림을 떼어서 요구할 때까지 기다려보세요.

아이가 스스로 그림을 떼어 엄마 손에 쥐어주나요?
그렇다면 이제 아이는 능동적으로 의사소통을 시도할 수 있게 된 거예요.
이전에는 아이가 표현 할 줄 몰라 엄마가 아이의 의도를 해석해야 했지요.
이제는 의도를 스스로 표현하게 된 겁니다.
어린 아이지만 **의사소통 성공의 경험**에 매우 뿌듯해 할 거예요!

말 대신 그림을 교환하는 방식을 쓰면 말을 안 하게 되는 게 아닌가요?

NO!
오히려 **말로 표현하는 것을 촉진**한다는 연구결과가 많이 있어요.
의사소통 의도가 있는데 말이나 제스쳐로 표현을 못해서 답답해하는 아이,
또는 의사소통의 개념이 아직 확립되지 않은 아이에게
아주 쉬운 방법으로 **의사소통의 성공을 경험**하게 도와줄 수 있어요.
특히 언어이해는 잘 되는데 말소리로 표현이 안 되어 답답해하는 아이라면
그림교환을 할 때 언어모방을 할 수 있도록 도움을 주시고 격려해주세요.

아이가 그림교환의 의미를 모른다면

발달장애나 의사소통장애로 앞장의 그림교환 활동에 어려움이 있는 경우, **PECS(그림교환 의사소통체계)프로그램**을 단계별로 진행하는 것이 좋아요.

1단계: 의사소통적 교환 가르치기

한 개의 그림만을 사용하여 자발적으로 의사소통하기를 가르치는 과정입니다. 아이와 엄마가 의사소통 당사자입니다. 이 둘 외에 촉진자가 한 명 필요해요. 예를 들어 이모가 촉진자 역할을 한다고 해요.

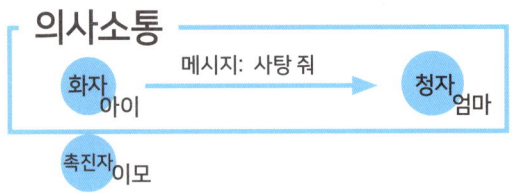

아이가 좋아하는 사탕 그림을 그림판에 붙여둡니다.
아이에게 "여기 사탕이 있네." 등으로 주의를 끄는 말을 일체 하지 않고 아동이 사탕을 자연스레 볼 수 있도록 세팅합니다.
아이가 사탕을 향해 손을 뻗거나 가까이 다가가려고 할 때 (즉 **사탕을 먹으려는 의도가 보였을 때**) 이모가 아이의 손을 잡고 사탕 그림을 떼어서 엄마에게 줍니다.
엄마는 그림을 받는 즉시 사탕을 주면서 "사탕"하고 말해줍니다.
점차 이모의 도움 없이 아이가 스스로 그림을 떼어서 교환하도록 도움을 줄여갑니다.

사탕을 먹고 싶은 것이 분명할 때

촉진자가 아이 손을 잡고 뗀다

아이가 그림을 엄마 손에 쥐어주도록 도와준다

> 주의: 이 단계의 핵심은 **자발성**입니다.
> 1. 절대 "사탕 봐봐. 사탕 먹으려면 그림 떼야지."라고 말하면 안 돼요. 의사소통 자체에 집중하도록 해야합니다.
> 2. 아이가 사탕을 받으려는 의도가 생기기 전에 그림에 아이 손을 가져가도 안 됩니다.

2단계: 먼 거리에서 요구하도록 가르치기

1단계에서는 그림카드를 아이 가까이에 놓아두었지만, 2단계에서는 그림카드를 점차 멀리 둡니다. 또 엄마도 점점 거리를 멀리 합니다. 아이는 그림판이 멀어져도, 엄마와의 거리가 멀어져도 스스로 그림을 떼어와서 엄마에게 교환을 요청할 수 있도록 합니다. 이 때 중요한 기술 중 하나는 시선 맞추기입니다. 떨어져 있는 상대에게도 그림카드를 제시하기가 원활해지면, 그림 제시 이전에 상대의 어깨를 치거나 얼굴을 돌리게 하는 행동을 가르쳐 주는 것도 좋습니다(주목요구하기 기술). 아이가 그림을 가지고 올 때 일부러 고개를 아래로 숙이고 있는 것도 좋습니다.

3단계: 그림카드 변별하기 가르치기

1, 2단계에서는 한 개의 그림카드만을 사용합니다. 3단계에서는 두 개의 그림을 사용하여 각 그림을 변별하여 요구하는 것을 가르칩니다. 예를 들어 1, 2단계에서 사탕 그림 하나만 사용했다면 3단계에서는 사탕 그림과 아이가 좋아하지 않는 다른 음식 그림을 붙여둡니다. 아이가 사탕 그림을 고르면 즉시 제공하고, 오반응 시에는 다음의 수정절차를 시행합니다. 오반응 시, 엄마가 사탕 그림을 두드리는 행동을 하고 아이가 그것을 가져올 수 있도록 합니다. 필요 시 언어나 신체적으로 촉구해도 좋습니다.
이후 주의를 환기시킨 후(다른 과제나 활동하기) 다시 아이에게 사탕고르기를 유도합니다.

아이가 선호하는 것   아이가 선호하지 않는 것

이렇게 PECS의 3단계까지 배우게 되면 원하는 사물이나 활동 등을 상대에게 요구할 수 있게 되겠지요. 4~6단계가 더 있지만, 이 책에서는 3단계까지만 소개할게요.

참고문헌: 아동언어장애의 진단 및 치료 2판, 김영태 저

의도적 발성하기

아이와 발성으로 주고받기 놀이를 해보세요.
아이가 하는 우연한 발성에 반응해주세요.
아이가 소리를 내면 엄마나 아빠도 아이 얼굴을 보며 즐겁게 소리내세요.

처음에는 어떤 말소리든 괜찮아요. 따따따 빠빠빠 혹은 우리말소리로 표현할 수 없는 어떤 외계어 같은 소리도 괜찮아요.
'내가 목소리를 내니 엄마가 즐겁게 반응을 하네'
'엄마와 소리내며 놀이하는 건 즐거워'라는 느낌을 갖게 하는 것이 중요해요.

상호작용놀이가 잘 안 되는 아이나 발성을 잘 내지 않는 아이라면 이런 발성주고받기 놀이부터 해보세요. 다양한 소리를 내기보다는 턴을 많이 주고받고 놀이시간을 오래 지속 하는 것을 목표로 하세요.
아직 발성을 마음대로 낼 수 없는 아이들도 있어요. 하지만 소리를 아예 안내는 것은 아니에요. 혼자 놀이할 때, 울 때 등 일상에서 무의식적으로 다양한 발성을 내기도 하고 의식적으로도 발성을 하기도 해요. 그러나 아직 조절능력이 미숙하여 '내가 소리를 내야 지' 할 때 100% 낼 수 있는 게 아닌거예요.

왜 소리를 맘대로 못내지 하고 의아해하실 수 있지만, 말늦은 아이나 발달장애 아이들은 말 트이기 전, 오랜 기간 동안 의도적 발성이 잘 안 나와오기도 해요.

우연한 기회에 아이가 냈던 소리를 따라해주면 아이가 즐거워하며 다시 내려 할거예요.
이렇게 주고받고 놀이를 하는 과정에서 자연스럽게 발성을 시작하는 능력과
발성을 조절하는 능력이 키워집니다.
발성조절뿐 아니라 상호작용 측면에서도 좋은 놀이지요.
아이와 동시에 소리내는 것이 아니라 아이-엄마-아이-엄마 이렇게 턴을 가져보세요.

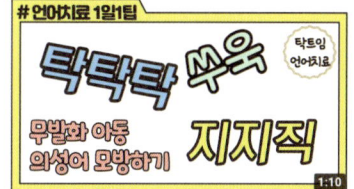

참고영상: 언어치료 1일1팁 의성어 모방하기

행동모방

아이가 말을 배우려면 다른 사람의 말소리를 따라해봐야겠지요. 그런데 말을 따라하기는 커녕, '아' 소리도 못 따라하는 아이도 있어요. 앞장에서 언급했듯이 혼자 옹알이를 할 때는 소리를 내지만 따라해보라고 하면 안 하는 아이요. 소리를 못 내서 그럴 수도 있고, 누가 시키면 부담스러워서 안 하는 아이도 있어요.

어떤 아이들에게는 말을 따라하는 것이 정말 어렵답니다. 그런 아이에게는 행동모방을 먼저 이끌어주세요.

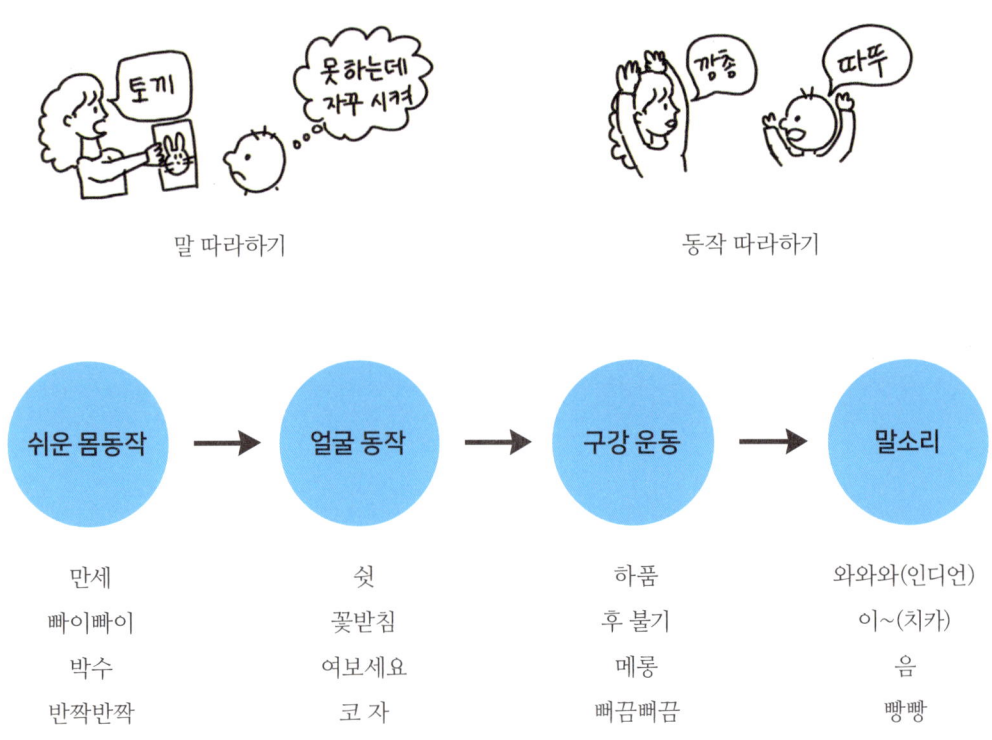

말 따라하기 · 동작 따라하기

쉬운 몸동작	얼굴 동작	구강 운동	말소리
만세	쉿	하품	와와와(인디언)
빠이빠이	꽃받침	후 불기	이~(치카)
박수	여보세요	메롱	음
반짝반짝	코 자	뻐끔뻐끔	빵빵

시키는 걸 싫어하는 아이, 어려워하는 아이에게 우선 가장 쉽게 따라할 수 있는 동작 한두가지를 모방하게 해보세요. **빠이빠이, 만세, 박수, 손 들기, 하이파이브, 반짝반짝, 사랑해(머리 위 하트), 훨훨(날갯짓)** 뭐든 좋아요.
그리고 성공했을 때 폭풍칭찬을 해주세요. 성공의 경험과 긍정적인 피드백으로 아이가 이 과제를 즐거운 놀이로 생각하게 해주세요.

아이가 따라하지 않는다고요?
부모님이 아이 손을 잡고 도와주세요. 실랑이 하지 마시고 후다닥 해버리도록 도움을 주세요. 예를 들어 만세를 시킬 때 아이 손을 잡고 올려주며 "만세" 말하는 거예요.
아이가 엄마의 동작을 아예 보지 않으려 하면 이런 시도도 해보세요.

1. 거울을 보여주어 본인의 동작을 보며 따라할 수 있게 한다.
2. 엄마, 아빠의 동작 사진을 찍어서 보여준다.
3. 엄마, 아빠의 동작을 영상으로 찍어서 보여준다.
4. 아이 옆에서 다른 가족이 모델링을 보인다.

어떤 아이는 눈앞에서 보여주는 실제 동작을,
어떤 아이는 영상으로 찍은 동작을 보았을 때 잘 주목하고 따라하기도 해요.
아이마다 다를 수 있으니 여러 방법으로 시도해보세요.

*탁트임 유튜브 동영상 동작모방편을 보여주시고 따라하게 하셔도 좋습니다.

*사진을 찍기가 어렵다면 탁트임 기초발음카드의(1~20번) 동작모방 카드를 사용하셔도 좋아요.

기초 구강 운동

아이가 행동모방 과제에 자신감을 얻게 되고 루틴으로 수행하게 되었다면, 구강운동을 이끌어줘요.
구강운동이라고 해서 아주 거창한 운동을 하는 것은 아니에요.
혀, 입술, 턱, 연구개 등의 조음기관을 움직여주는 것인데요.
아직 말을 시작하지 않은 아이라면 이 조음기관들을 아주 조금씩이라도 움직이게 하면 되는 겁니다. 단, 아주 중요한 조건이 있죠.
"의도적으로!"

'의도적이라니.. 무슨말이지? 이미 다 움직일 수 있는건데?' 라고 하실 수도 있어요.
하지만, 지금까지 아이가 '의도적으로' 하고 있다고 생각했던 움직임이
무의식적인 것일 수도 있다는 것을 가정해보아야해요.

예를 들어서 양치질을 할 때에는 "혀 내밀어 봐."라고 하면 혀를 내밀 수 있어요.
그런데 평소에 "혀 내밀어 봐."라고 했을 때 내밀지 못한다면요?

물론 '하기 싫어서'일 수도 있지만, 못 하는 것일 수도 있어요.
즉, 양치질을 할 때 혀를 내미는 것은 특정 상황에서 자동적으로 나오는 반응일 수 있다는 거예요.

화장실이라는 공간, 칫솔이라는 대상, "혀 내밀어 봐."라는 친숙한 목소리...
이것들이 연합되어 자극이 되었을 때 반사적으로 혀를 내미는 것은 되는데
그러한 자극이 없을 때에는 혀를 내려고 해도 움직일 수가 없다는 거죠.
말을 시작하지 않은 아이들 중에는 이러한 경우가 꽤 많이 있어요.
그러면 이제 어떻게 하면 '의도적인 모방'을 이끌어줄 지에 대해 이야기해야겠네요.

이미 아이가 사진이나 부모님의 행동을 보고 모방하는 것이 잘 되고 있다면
루틴으로 하는 행동모방 동작들 사이에 다음 동작을 추가해주세요.

혀 내기 – 처음에는 혀가 살짝만 움직여도 폭풍칭찬!
　　　　　소리를 안 내고 혀만 내밀어도 돼요.

입술 터뜨리기 – 금붕어가 뻐끔뻐끔 동작하듯이 입술을 강하게 붙였다 터뜨리기

입술 다물기 – 음~하며 다무는 동작. 소리는 내면 좋지만 안 내도 좋아요.

뽀뽀 – 입술을 오므려 뽀뽀하기. 잘 안되면 입술을 붙인 채 살짝만 움직여도 좋아요.

푸 – 공기를 강하게 내보내며 푸. 발성을 하는 것은 아닙니다. 바람이 많이 나오게 불기.

이 부딪히기 – 이를 딱딱 소리내며 부딪히기. 아으아으~하고 소리를 함께 내도 좋아요.

이 하기 – 입술을 옆으로 벌리고 치약모델처럼 이~

그 밖에 입술, 혀, 턱을 움직이는 다른 동작을 추가하셔도 좋아요

율동 모방

노래를 좋아하는 아이라면 율동을 모방하도록 이끌어주세요.
"아이가 율동을 하나요?"라고 물어보았을 때
"그럼요, 얼마나 신나게 춤을 추는걸요."라고 대답하신 분들이 많이 계셨어요.
하지만 여기서 말하는 율동은 '막춤'과 엄연히 구분되어야 해요.

노래에 나오는 말을 상징적인 동작으로 표현하는 것이 율동이에요.
언어가 발달하려면 우선 상징개념이 발달해야해요. 언어는 실제로 존재하지 않는 것을 말소리나 문자로 표현하기 위하여 만들어진 '상징체계'거든요.
곰 세마리를 부르며 단순히 몸을 흔들흔들 하는 것보다 '아빠곰은 뚱뚱해'에서 배가 나왔다는 동작을 표현하는 것이 좀 더 인지적으로 발달된 행동이겠지요.
그동안 노래를 들을 때 단지 흥겹게 춤을 추었다면 이제 노래 한 곡에 동작하나를 표현하도록 이끌어주세요.

처음에는 노랫말과 동작의 관련성을 잘 모를 수 있어요.
하지만 반복적으로 부모님이 노랫말을 되짚어주시면
노랫말의 상징적인 표현이라는 것을 알게 될 거예요.

한 곡에 한 동작, 아이가 좋아하는 노래부터 시작!

반짝반짝 작은별- 반짝반짝
곰세마리- 아빠곰(엄지), 너무 귀여워(이쁜짓)
통통통통- 주먹쥔 손 위아래로
나비야- 훨훨
엄마돼지 아기돼지- 돼지코
바라밤(뽀로로와 노래해요 중)- 손동작
아기상어- 뚜루루 동작

우리 모두 다같이 손뼉을- 짝짝

잉잉잉(고추밭에 고추는..) - 아야아야(찌르는 동작), 잉잉잉(우는 동작)

눈은 어디있나- 여기 포인팅

개구쟁이(뽀로로와 노래해요 중)- 콰당 넘어지는 동작

퐁당퐁당- 간질어주어라 간지르기

둥글게둥글게- 빙빙돌기

아이들마다 집집마다 좋아하는 노래가 다 다르죠.
우리 아이가 좋아하는 노래에서 목표를 정해봐요.

현재 잘 하는 동작	ex) 곰 세마리	아빠곰(엄지), 으쓱으쓱
	여우야여우야	잠잔다(눈감고 손모으기)
이끌어 줄 동작		

포인팅 가르치기

원하는 것을 손가락으로 포인팅하는 것은 상대에게 자신의 의도를 전달하려는 시도입니다. 말이 아니지만 상대도 즉각 알 수 있는 훌륭한 의사소통인 것이지요. 앞서 언급했던 주세요 손동작은 사물을 달라는 의도를 표현하는 것이고, 포인팅은 자신이 원하는 것을 구체화하여 상대방에게 알리는 행동입니다. 아이가 처음에는 손의 움직임이 원활하지 않아서 포인팅 모양을 만들지 못할 수 있어요. 그래도 아이 손을 쥐고 꾸준히 모양을 만들어주세요.

원하는 것이 있어서 위쪽의 선반을 바라보고만 있다면 아이 손을 잡고 포인팅하도록 도움을 주세요.

1. 원하는 것 지시하기

아이를 안아올려서 원하는 물건이 있는 곳까지 가까이 갑니다.
처음에는 손 모양을 만들어주고 원하는 물건을 아이 손으로 포인팅한 후 즉시 꺼내줍니다. 이후 점차 손을 잡아주지 않고 팔을 잡아주어 아이 스스로 포인팅할 수 있게 해주세요. "이~거"하고 말하며 포인팅해도 좋아요. 하지만 "이거라고 말해야지."라고 말을 강요하기보다는 포인팅 행동에 집중하게 해주세요.

엄마가 아이 손을 잡고 포인팅 손모양을 만들어준다

2. 선택의 의미 표현하기

아이가 선호하는 물건, 선호하지 않는 물건 두 가지를 제시하고 선택의 의미로 포인팅을 할 수 있게 가르쳐주세요. 두 가지 사물을 제시했을 때 그냥 손을 뻗어 원하는 것을 가져오는 것과 포인팅하는 것은 다릅니다. 포인팅은 상대에게 의사소통을 하는 것이고, 그냥 가져오는 것은 의사소통이 아닙니다. 거듭 말하지만 의사소통이 원활해지면, 가장 편한 의사소통도구인 '말'을 사용하려는 시도가 늘어갑니다. 행동보다 말이 훨씬 편하다는 것을 알게 되거든요.

여러가지 물건 중에서 원하는 것을 선택한다

3. 듣고 가리키기(대답하기)

포인팅의 기능에는 앞서 말씀드린 '요구하기', '선택하기' 기능처럼 의사소통을 시도하는 기능 외에도 '대답하기' 기능이 있습니다. '대답하기'는 상대의 질문에 반응하는 것이지요. 듣고 지적하기 포인팅은 아이가 먼저 의도를 가지는 것이 아니므로 요구하기보다 습득이 늦을 수도 있습니다. 하지만 꾸준히 이끌어주시면 흥미를 느끼고 대답하기 기능으로써의 포인팅을 사용할 것입니다. 이 방법에 대해서는 80쪽에서 자세히 다루기로 할게요!

엄마가 말하는 것을 듣고 포인팅한다.

거부 표현 가르치기

원하지 않는 것을 줬을 때, 혹은 원하지 않는 행동을 하도록 했을 때 아이가 어떻게 거부하고 있나요? 회피하는 아이도 있을 것이고, 소리를 지르는 과도한 행동을 하는 아이도 있을 거예요. 거부하기를 가르치고 스스로 그 방법을 썼을 때 의사소통의 힘을 느낄 수 있게 해주세요.

아이가 거부하는 상황에서 아이 손을 잡고 "아아아~"하며 흔들어주세요.
말소리 내는 것이 원활하지 않은 아이라면

"아니"를 따라하는 것이 어려우므로 (그냥 "아" 소리 지르는 것과는 구분이 되게)
억양을 넣어서 "아아아"라고 해주세요.
그리고 아이가 이렇게 거부했을 때는 즉시 그것을 받아들여주세요.
이 기술이 완전히 습득이 되기까지는
거부하기를 놀이식으로 반복하여 가르쳐주는 것이 좋습니다.

손을 흔들어도 좋고, 고개를 흔들어도 좋지만
저는 손을 흔드는 것을 더 추천합니다.
왜냐하면 손을 흔들며 상대방의 얼굴, 그리고 눈을 볼 수 있기 때문입니다.

다음과 같은 반복적인 활동으로 아이가 거부 표현을 배울 수 있어요.

1. 간접적인 모델링

식사 때 엄마가 아빠에게 음식을 불쑥 내밀며 "~먹어."라고 말해요.
그러면 아빠는 다소 익살스럽게 "아~아아" 혹은 "안먹어."라고 말합니다.
아이가 '아아' 발성만 따라할 수 있는 단계면 '아~아'로 하시고
어느 정도 말을 따라할 수 있다면 '안먹어'나 '안해'로 하셔도 됩니다.

엄마 아빠의 반복적 대화를 보며 아이가 자연스럽게 '아~아' 거부표현을 배울 수 있어요.
한 자리에서 5회 이상 반복하는 것이 좋습니다

2. 직접 알려주기

간접 모델링으로 아이가 거부표현을 배우지 못했다면, 직접 표현하는 방법을 알려주세요. 이번에는 엄마가 아이를 안고 있고 아빠가 아이에게 싫어하는 음식을 줍니다.

아이가 해야 할 말 "아~아~"를 엄마가 크게 말합니다.
아이의 손을 함께 잡고 흔들어줍니다.

아이가 거부표현하는 발성 "아~"를 사용하기 시작했다면 다양한 상황에서 쓸 수 있게 도와주세요. 아이가 먹기 싫은 음식, 갖고 놀기 싫은 장난감 등을 밀치지 않고 엄마얼굴을 보며 발성하여 표현하도록 유도해주세요.

말 늦은 아이에게는 '싫어'보다는 '안 해'를 먼저 이끌어주는 것이 좋아요.
특히 무발화 아동이라면 아~하며 길게 말하는 것이 턱운동과 긴 발성에 도움이 됩니다.
또 나중에 다양한 동사를 붙여서 활용할 수 있어요.
싫어라고 말하는 아이는 모든 거부표현을 싫어 한 단어로만 사용해요.
안 해로 표현하는 아이한테는 나중에 안 먹어, 안 가, 안 놀아, 안 자
동사를 붙여 말하는 것을 이끌어주기 좋아요.

아~아~ 소리로
거부표현 이끌어주기!

듣고 지시 따르기

듣기 이해의 첫걸음은 듣고 지시따르기입니다.
처음으로 시작하는 지시따르기는
몸동작, 물건 가져오기, 대상 지적하기의 세 가지부터 할 수 있어요.
처음에는 아이가 성공할 수 있도록 엄마, 아빠가 도움을 주는 것이 좋아요.
점차 아이 스스로 하도록 도움을 줄여나갑니다.
다음과 같은 지시를 말로 하면 됩니다.

1. 몸동작
말소리만 듣고 동작 수행하기
- 만세, 박수, 사랑해, 반짝반짝, 빠이빠이, 깡총, 꿀꿀, 훨훨, 점프, 최고
- 앉아, 일어서, 누워, 올려, 내려, 올라가, 내려가, 열어, 닫아 등

2. 물건 가져오기
-익숙한 실생활 물건: 리모컨, 기저귀, 우유, 물티슈, 휴지, 양말, 신발, 가방, 컵.
-상징물: 사과, 딸기, 수박 등 음식 모형
    트럭, 비행기, 포크레인, 버스 등 탈 것 모형
    돼지, 토끼, 코끼리 등 동물 모형
    뽀로로, 타요 등 캐릭터 장난

3. 대상 가리키기
그림책에서- 과일/채소, 동물, 사물 등 지적하기
가정에 있는 사물 가리키기- 냉장고, 식탁, 소파, 화분(나무), 책상, 의자 등
식사 때 음식 가리키기-밥, 국, 콩나물, 달걀, 멸치 등
인물 가리키기- 엄마, 아빠, 할머니, 언니, 오빠 등

대상 가리키기를 할 때에는 노래로 하는 것도 좋아요.
"눈은 어디있나 여기"노래로 대상 지적하기를 루틴으로 해보세요.
말로 했을 때는 지적하지 않는 아이도 노래로 하면 즐겁게 활동하는 경우가 있어요. 멜로디가 있으니 더 쏙쏙 들어오기도 하고, 자동적으로 대답하는 습관도 생기더라구요. (탁트임 유튜브 영상 "말토끼1편_여기 대답하기" 참고)

말보다 노래가 좋은 이유는 딱 4번만 하면 끝이기 때문에 아이도 '아 금방 끝나네' 라는 느낌을 가질 수 있어요. 학습과제를 싫어하는 아이들도 루틴으로 하면 4번 집중해서 해준답니다.

무엇보다도 노래의 가장 강점은 나중에 주고받기를 바꾸어 할 수 있다는 것이에요. 처음에는 엄마, 아빠가 "어디있나?" 부분을 불러 질문하지만 나중에는 아이에게 질문해보라고 할 수 있어요. 그러면 아이가 "냉장고 어디있나, 나무 어디있나.."하고 자연스럽게 질문자 역할을 하게 돼요.

아이가 요구하고 엄마는 반응하고, 이러한 상호작용이 반복적으로 잘 이루어진 다음에 아이가 엄마의 지시를 따르게 이끌어주세요.

> **지시따르기가 잘 되면
> 아이와 역할을 바꾸어서도 해보세요**

지시따르기 엄마한테, 아빠한테

이번에는 지시하는 말을 잘 듣고 '엄마한테', '아빠한테' 물건 주기를 해보세요. 앞의 활동에서는 물건 이름을 잘 듣고 가져와야 하는 것인데 이번 활동에서는 '엄마', '아빠', '할머니' 등 호칭을 잘 듣고 건네주는 것이 목표입니다.

1. 여러 차례 건네 줄 수 있는 물건을 준비해요 - 돌멩이, 칩, 색연필, 과일자르기 모형 무엇이든 좋아요. 저는 주로 어항에 넣는 돌멩이를 이용해요

2. 어른 세사람이 있으면 좋아요. 한 사람은 지시자 및 보조자 역할을 하고 나머지 두 사람에게 아이가 물건을 나눠주는 거예요. 예를 들어 할머니가 지시하고 엄마, 아빠는 물건을 받는 사람 역할을 하는 거죠.

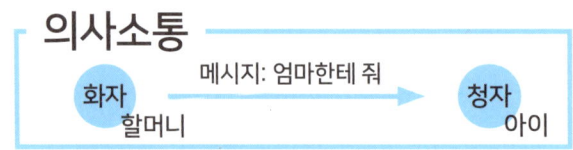

할머니가 지시하면 아이는 수행한다.
아이가 잘 수행하지 못한다면
아이 손을 잡아서 도움을 준다.

하지만 두사람만 참여가능하다면 한사람이 지시자 및 보조자 역할을 해요. 엄마가 "엄마한테 줘.", "아빠한테 줘."하고 지시하는 거예요.

이 때 주의할 점은 아이가 말의 내용을 듣지 않고 말하는 사람한테 주지 않도록 해야해요. 그러니까 엄마가 "엄마한테 줘."라고 말하고 아빠가 "아빠한테 줘."라고 말한다면 말뜻을 알고 수행하는 것인지, 단순히 말을 하고 있는 사람에게 주는 건지 구분할 수 없어요. 그래서 지시는 한사람만 하는 것이 좋아요.

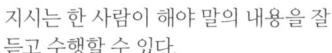
지시는 한 사람이 해야 말의 내용을 잘 듣고 수행할 수 있다.

3. 아이가 지시에 오반응한다면 아이 손을 잡고 충분히 연습하는 것이 좋아요.
"엄마한테 줘.", "아빠한테 줘." 문장이 길다면 "엄마", "아빠"로 짧게 지시해도 좋아요.

*탁트임 유튜브 '엄마한테 아빠한테' 참고

매칭하기

말을 따라하라고 하거나 지시를 하면 싫어하는 아이가 있어요. 귀를 닫고 입을 닫고 도망가버려요. 청지각 발달이 늦어서 말을 정확히 못 알아듣는 아이와는 시지각 활동인 매칭을 먼저 해보세요. 완벽주의자라 틀리는 걸 엄청 싫어하는 아이들도 쉽게 할 수 있어요.

그림카드 세 장과 그 그림에 해당하는 실물이나 모형을 준비하세요.
아이 손을 잡고 모형을 그림카드 위에 올려주세요.

*탁트임 유튜브 영상 시지각 매칭 활동 참고

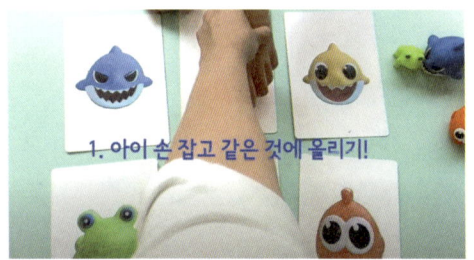

말 없이 아이 손을 잡고 같은 그림을
찾아 모형을 올려둡니다.

손을 잡아주고 몇 번 같이 한 다음에는
아이 스스로 할 수 있는지 잡은 손의 힘을 빼 봐요.

잘할 수 있다면 아이 스스로 하도록 두면 됩니다.

처음에는 두 장으로 시작하고

나중에는 여러 장을 놓아 난이도를 높입니다.

같은 것 찾기를 잘 하게 되면
말로 지시하기를 해도 좋아요

겉모습이 완전히 똑같은 것들을 잘 놓게 된다면

그 다음에는 겉모습이 다르지만
같은 대상을 올려보는 연습하기!

착석 싫어하는 아이도 이 활동을 하고나면 '별 거 아니네'라는 생각으로 그 다음에 잘 착석하더라구요. 말을 듣지도 하지도 않아도 되기 때문에 언어적 활동에 자신 없는 아이들도 즐겁게 활동할 수 있어요.

처음에는 말을 하지도 듣지도 않지만, 대상의 이름을 알려주고 따라하게 하면 조금씩 말하려는 시도를 할 거예요.

노래 고르기

노래를 좋아하는 아이라면 노래책을 만들어주세요.

아이가 가장 좋아하는 노래를 상징하는 그림을 프린트해서 붙인 책을 만듭니다. 북아트용 책이나 포켓앨범을 이용해도 좋고, 종합장이나 수첩을 이용해도 좋지만 아이가 스스로 넘기기 쉬운 재질로 만들어주세요.
뽀로로, 아기 상어 등의 캐릭터 노래는 아이들이 특히 흥미로워하죠.
또 곰세마리, 반짝반짝, 생일축하 등의 접하기 쉬운 노래들로 구성하셔도 좋아요. 부르기 쉬운 노래, 좋아하는 노래로 구성하시면 돼요.

한 페이지에 한 장씩 노래를 상징하는 그림을 붙인다.

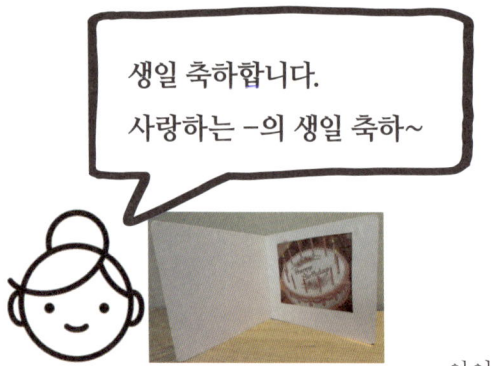

아이는 엄마가 노래하는 모습을 지켜보다 해당 이미지가 상징하는 의미를 알게 됩니다.

*탁트임 유튜브 영상
 '노래책으로 요구하기 표현'
 참고

각 장에 있는 이미지가 특정 노래와 관련이 있다는 것을 알게 되면 아이는 조금씩 노래를
선택하려 할 것입니다. 책장을 넘겨 선택하기가 잘 된다면 그 그림을 가리키도록
포인팅도 유도해주시구요. 소리모방이나 동작모방이 가능한 아이라면 한 곡마다
한 가지 말소리나 동작으로 표현할 수 있도록 이끌어주세요.
기타나 피아노 등 악기소리를 좋아한다면 그냥 부르는 것보다 반주를 해 주면 더 좋아할 수도
있어요. 피아노보다는 기타가 마주보고 눈맞춤하기에는 좋더라구요.

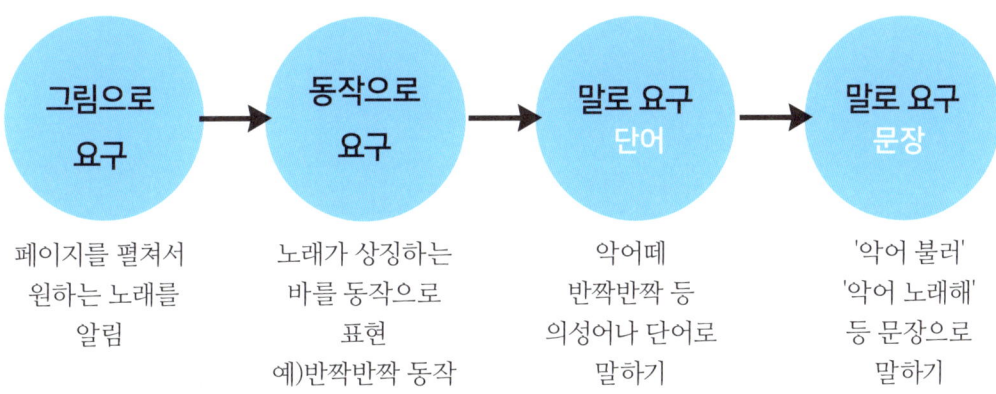

그림으로 요구	동작으로 요구	말로 요구 단어	말로 요구 문장
페이지를 펼쳐서 원하는 노래를 알림	노래가 상징하는 바를 동작으로 표현 예)반짝반짝 동작	악어떼 반짝반짝 등 의성어나 단어로 말하기	'악어 불러' '악어 노래해' 등 문장으로 말하기

이 활동은 단순히 노래를 선택하여 함께 활동하는 것 이상의 의미가 있어요.
한번도 요구사항을 스스로 표현해본 적 없는 아이라면 이 방식이 최초의 의사소통이
될 수도 있어요. 자신이 고르는 노래를 엄마가 불러주고, 또 고르면 불러주고..
아이는 의사소통 성공의 경험으로 성취감과 자신감을 얻고,
함께 놀이하며 상호작용의 즐거움을 알게 될 것입니다.

> 페이지를 넘겨 노래를 고른다.
> 특정한 노래를 동작으로 표현한다.
> 특정한 노래를 말소리로 표현한다.

3
말을 가르치기!

이제 본격적으로 말을 가르쳐봐요.
아이의 일상에서 중요한 단어 중
발음하기 쉬운 단어부터 목표로 해요.
처음에는 모방하도록,
나중에는 스스로 표현하도록 이끌어주면 됩니다.

어휘리스트

아이가 말을 시작했어요. 너무 대견하고 기특하죠!
더 많은 단어를 말했으면 좋겠어요. 어떤 단어를 먼저 이끌어주면 좋을까요?
이제 말을 시작했지만 말을 가르쳐주는대로 다 잘 하는 것은 아니에요.
중요하면서도 아이가 배우기 쉬운 말을 선정하는 것이 좋아요.
우선 어휘리스트를 작성해봐요.

> 힌트를 주거나, 말을 하라고 시키지 않아도 스스로 말하는 것.
> 예를 들어 스스로 엄마를 부르고 엄마 사진을 보면 엄마라고 말한다면 이 칸에 써도 좋습니다.

> 아이의 일상에서 표현할 기회가 많거나 아이가 선호하는 것이지만 아직 말하지 않는 단어

> 따라말하게 했을 때나 스스로 말할 때 명료하게 들리는 단어. 받침까지는 정확히 발음하지 않아도 돼요.

예시

	스스로 말하는	중요하지만 아직 말하지 않는	발음이 명료한	발음이 불명료한
인물	엄마 아빠	할머니 선생님	아빠	엄마->어빠
사물	빵빵(자동차)	컵 휴지		빵빵->으빠빠
음식	우유 치즈 물	밥	우유 치즈(치찌)	물->우
동물/ 캐릭터	뽀로로 크롱 타요		타요	뽀로로->으뽀 크롱->트오
행동/ 상태	줘	가 열어		줘->오

> 이 아이는 물을 달라고 스스로 말할 수 있지만 발음이 부정확하여 다른사람이 알아듣기는 어려워요

그러면 이 아이에게는 어떤 단어를 먼저 이끌어주면 좋을까요?
중요하지만 아직 말하지 않는 단어 중, 발음이 쉬운 단어를 이끌어주는 것이 좋다고
했으니 **할머니**나 **선생님**보다는 **밥, 컵, 휴지, 가**를 먼저 이끌어주면 좋겠지요.
컵은 ㅂ까지 말하지 않다도 좋으니 **커**나 **꺼**로 표현하는 것부터 이끌어주면 됩니다.

우리 아이의 어휘도 파악하여 작성해봐요.

	스스로 말하는	중요하지만 아직 말하지 않는	발음이 명료한	발음이 불명료한
인물				
사물				
음식				
동물/ 캐릭터				
행동/ 상태				

말로 요구하기

요구하기는 가장 기본적인 의사소통의도입니다.
말할 의지가 별로 없는 아이들도 간절히 원하는 것이 있으면 어떻게든 표현하려고 합니다.
젤리, 마이쮸, 장난감, 유튜브 보기, 사운드북 등

앞장에서 의사소통개념을 확립하기 위한 그림교환활동에 대해 소개했었지요.
의사소통개념이 확립되었다면 점차 말로 할 수 있게 이끌어주세요.
모든 아이들에게 그림교환 방식부터 먼저 해야하는 것은 아닙니다.
상호작용이 잘 되고 의사소통하려는 의도가 있다면 말로 요구하는 것을 바로 이끌어주세요.

1. 특정 사물을 지칭하는 말소리를 알려준다.

2. 아이가 볼 수 있되 손이 닿지 않는 곳에 둔다.

3. 아이가 그것을 갖고싶어 할 때 가까이 가져온다.

4. 바로 주지 않고 아이가 그것에 주목할 때 말소리를 들려준다.

5. 처음에는 따라하지 않더라도 말소리를 들려준 후 사물을 준다.

6. 몇 번 같은 상황이 반복되었다면 아이가 말을 따라하도록 한번 더 들려주고 기다린다.

7. 아이가 말을 따라하지 못한다면 좀 더 쉬운 표현으로 바꾸어주거나 첫소리 힌트를 준다.

8. 힌트가 있을 때 말할 수 있게 되었다면, 그 다음 목표는 아무 힌트도 없이 10초 기다렸을 때 스스로 말하는 것으로 정한다.

* "젤리 주세요 해야지." "물 주세요 해야지."는 너무 길어요.
간단하게 아이가 해야할 말만 알려주세요. "젤리" "물"
잘하게 된다면 "젤리 줘" "물 줘" 문장으로 이끌어주시면 됩니다.
해야지는 빼세요.

대상을 보여주고
말소리를 들려준다.

아이가 갖고싶어 할 때

보여주고 말소리를 들려준다.

여러번 반복되고 난 후에는
힌트만 준다.

힌트를 주어 잘 말하게 된다면
다음 번에는 말없이 기다려 본다

아이가 스스로
이름을 말할 수 있게 된다

이름 말하기

사물, 인물, 동물, 음식 등 다양한 대상의 이름을 말할 수 있게 도와주세요.
가르쳐주는 방법은 간단합니다. 대상을 보여주고 말소리를 들려주면 됩니다.
포도를 보여주고 아이가 주목할 때 '포도' 또박또박 말해주면 됩니다.
말을 하는 것은 '모방'에서부터 출발합니다. 많이 듣고 많이 따라하게 하면 됩니다.

1. 아직 말소리를 따라할 수 없다면 단 한 개의 이름이라도 비슷하게 따라 말하도록 반복하여 이끌어주세요. 말소리를 모방하는 능력이 아직 부족하다면 Part4의 말소리 모방 유도방법에 대해 먼저 읽어보세요.

2. 단어를 따라하기만 하고 스스로 표현하지는 않나요?
의사소통, 인지, 말소리 중 어떤 부분이 아직 부족한지를 파악해보세요.
의사소통할 의도가 아직 없다면 이름말하기보다는 요구하기, 부르기, 거부하기 등 다른 의사소통기능을 먼저 이끌어주세요.

3. 한 두개의 단어를 스스로 말하기 시작했나요?
그렇다면 발음이 쉬운, 또는 그와 의미가 관련된 여러 가지 대상으로 확장해주세요.
예를 들어 '멍멍'을 말하기 시작했다면 첫소리가 비슷하면서 아이가 자주 접하는 '빵', '빵빵(자동차)', '바지', '배', '발' 등으로 확장할 수 있게요.
또는 멍멍, 꿀꿀, 짹짹 등 다른 동물의 소리를 알려주셔도 좋아요.

4. "이게 뭐야?" 물어보았을 **때만** 이름을 말한다면 **스스로 먼저** 말하게 이끌어주세요.
'멍멍'이라는 말을 할 줄 아는 아이라면 강아지가 지나갈 때 "저기 봐. 멍멍이야. 멍멍." **먼저 말하지마시고** 아이가 스스로 말하기를 기다려주세요.
스스로 말했을 때 "어~ 멍멍이야. 맞아." "우리 OO이는 멍멍이도 말할 수 있네."라고 긍정적인 반응을 해주세요. 그것이 강화가 되어 다음부터 또 이름을 스스로 말하려고 할 거예요

이름말하기(명명하기)는 의사소통의 질적 측면에서 큰 의미가 있어요.
아이가 원하는 것을 얻기 위해 말하는 것과는 차이가 있지요.
요구하기와는 달리 타인과 공유하는 즐거움을 얻기 위한 의사소통이거든요. 예를 들어 자동차장난감을 달라고 **빵빵**이라고 말하는 것과 지나가는 자동차를 보며 엄마에게 **빵빵**이라고 말하며 관심사를 공유하는 것은 목적에 차이가 있지요.

집에서 아이가 매일 보는 물건들의 이름을 알려주세요

> 이불 베개 수건 칫솔 치약 컵 식탁 의자 소파 그릇 숟가락 포크 뚜껑 접시 냄비 칼 도마 밥통 휴지 노트북 티비 리모컨 시계 신발 문 전등 화분 에어컨 히터 연필 볼펜 색연필 종이 가방 책 상자 커튼 창문 양말 잠바 바지 모자 안경 인형 자동차 기차 블록 공휴대폰 인터폰 욕조 바구니 끈 세탁기 건조기 청소기 걸레 카드

밖에 나가 눈 앞에 보이는 것의 이름을 알려주세요
그리고 사진을 찍어와서 집에서 다시 보여주세요.

> 나무 나비 꽃 야옹 멍멍 짹짹 개미 벌 지렁이 자동차 자전거 계단 오토바이 트럭 포크레인 래미콘 소방차 경찰차 신호등 쓰레기통
> 사다리 형 누나 친구 아기 할머니 할아버지 아줌마 아저씨 바다 산 강 하늘 구름 눈 비 우산 별 수레 모래 흙 그네 미끄럼틀 시소 벤치 엘리베이터 버튼

그림책이나 동영상에서 보는 것들의 이름을 알려주세요(적어보기)

아이가 토끼를 따뚜라고 말해요. 그런데 집에서만 그 말을 하고 밖에서 토끼를 보거나 책에서 보면 말을 하지 않아요. 왜 그런가요?

집에서 따뚜라고 말했던 상황은 어떤 상황인가요?
만약 집에 있는 토끼 인형을 가지고 놀 때만 말한다거나 집에서 보는 책의 토끼그림, 혹은 TV에 나오는 토끼 캐릭터 등 특정한 것을 지칭한 것은 아닌지요?
아이들이 말을 배울 때 처음에는 그 대상을 지칭하기 위해서 말을 사용한다는 것을 몰라요. 예를 들어서 토끼 인형을 가지고 깡총깡총 뛰어다니거나 토끼 탈을 쓰고 깡총 하는 소리를 내며 놀았다면 그 상황에서 깡총이라는 소리가 학습된 거예요. Behrend라는 학자는 이러한 단어는 특별한 환경조건에 의해 단순히 유발된 반응이며 전어휘적 단어라고 정의했어요.
인지발달이 이루어지면 진정한 지시적 단어를 표현하게 됩니다.

특정 상황에서만 쓰는 단어가 있다면 그 단어를 다양한 다른 상황에서도 표현하게 해주세요. 토끼 놀이를 할 때 뿐만 아니라 베개에 그려진 토끼 그림을 가리키면서, 다양한 책에서 보는 토끼그림과 사진, 동영상에서 보는 토끼, 엄마가 직접 종이에 그린 토끼..
그리고 그 말을 의미있게 의사소통에 사용하도록 이끌어주세요.
"토끼 어디있어?"하면 아이가 토끼를 짚고
토끼 사진을 보여주면 아이가 스스로 "따뚜(깡총)" 말하고
토끼 인형을 달라고 "따뚜" 말할 수 있도록요.

엄마, 아빠 부르기

아이가 엄마, 아빠 말을 한 적이 있는데 자주 말하지 않는다고요?
부르기 놀이를 해보세요. 큰 소리로 엄마, 아빠 부르기를 해보면 말의 힘을 느끼고
자신감이 생겨 일상에서 다른 말도 잘 표현하게 돼요.

방법1

아빠는 아이와 함께 앉는다. 엄마는 멀리 떨어진 곳에 숨는다.
아빠는 아이가 자리를 뜨지 않도록 살짝 안아준다. 압박감은 느끼지 않도록 하기.
아빠가 엄마쪽을 보며 "엄~마~"하고 크게 부른다. 엄마가 "네!"하고 대답하며 나온다.
이때 대부분 아이가 깔깔깔 웃으며 반응을 보인다.

다시 아빠가 "엄마"하고 부르면 엄마가 대답하는 놀이를 3회 정도 반복한다.
아이가 엄마쪽과 아빠쪽을 번갈아 보거나 엄마가 나오는 곳을 계속 주시한다면 흥미를
가지는 것이다. 이때 아빠는 엄마를 부르지 않고 3~5초 정도 기다려본다.

이때 아이가 엄마를 부르게 될 것이다.
그래도 아이가 부르지 않으면 아빠는 "엄~~~~~~~."하고 5초정도 끌어본다
이때 아이가 끼어들며 "엄마"하는 경우가 있다.

아이가 "엄마"라는 말소리를 못내어 "맘맘마, 음마, 음, 아" 등으로 소리내는 경우가 있
다. 이럴 때도 즉각 반응해주어야 한다.
그래도 아이가 부르지 않으면 아빠는 "엄~~~~~~~."하고 5초정도 끌어본다

이때 아이가 끼어들며 "엄마"하는 경우가 있다.
아이가 "엄마"라는 말소리를 못내어 "맘맘마, 음마, 음, 아" 등으로 소리내는 경우가 있
다. 이럴 때도 즉각 반응해주어야 한다.

*단순한 것 같지만 아빠가 아이의 반응을 살피며 언제 "엄마"라고 부를 지 판단하는 것이 아주 중요한 스킬. 아빠나 이모 등 모델링을 보이는 사람의 역량이 매우 중요!

방법2.

아빠가 아이 옆에 앉는다. 한 손에 가볍게 들 수 있는 그릇을 두 개 준비하여 아이와 하나씩 가진다.
아빠가 엄마쪽을 보며 "엄마~"하고 부른다.
엄마는 즉시 "네" 대답하며 아빠의 그릇에 과자를 담아준다.

마찬가지로 1번 방법처럼 아빠가 타이밍을 보며 불렀다가 쉬었다가 하면서 아이가 부를 수 있는 기회를 주는 것이다.

과자를 안 좋아하는 데 다른 방법은 없을까요?
아이가 엄청 좋아해서 꼭 받아 먹고 싶은 과자를 준비하셔야해요.
과자가 아니라도 아이가 좋아하는 물건이나 장난감을 연속적으로 주는 것도 괜찮아요.
예를 들어 아이가 뽀로로를 좋아하면 뽀로로, 루피, 크롱 등 캐릭터를 모으도록 하는 것도 좋아요.
어쨌든 그냥 보고 따라할 수도 있지만 동기가 있어야 더 적극적으로 시도하겠지요.
의도가 충분한 자발적인 말을 해야 더 잘 기억하고 사용할 수 있어요.

호명반응 가르치기 (네 대답하기)

자신의 이름을 불렀을 때 "네"하고 대답하는 방법도 앞서 나온 부르기 방법과 비슷합니다. 의사소통상대자가 아닌 제 3자가 시범을 보여 주는 거죠. 아빠와 아이가 나란히 앉아 있고 엄마는 그릇 2개와 과자를 준비합니다.

그릇을 준비하는 이유는 손에 받는 것보다 많이 모을 수가 있으므로 '반복'하여 말할 수 있기 때문입니다. 엄마가 "아빠"를 부른 후 아빠가 대답하면 아빠에게 과자를 줍니다. 아이 이름을 불렀을 때 아이가 대답하면 아이에게 과자를 줍니다. 이 때 대답의 목표는 아이마다 다르게 잡을 수 있어요.

1. 발성하기
아무 소리라도 좋으니 타이밍에 맞춰서 소리내는 것이 목표.
아이를 불렀을 때 성대를 울려서 목소리를 내면 과자를 준다.

2. 혀나 턱 움직이기
소리를 못 내더라도 혀와 턱을 의도적으로 움직여 '시도하는 노력'을 보여준다면 과자를 준다. 지금은 발성(성대 울림)과 조음(혀, 턱, 입술 움직임)을 동시에 못 하더라도 이러한 노력이 거듭되면 스스로 조합할 수 있다. 혀를 앞으로 내거나, 턱을 내리거나 하는 동작이 보이면 과자를 준다.

3. 네 대답하기
네는 어와 다르게 혀를 앞으로 내는 발음이다. 말늦은 아이들이나 발달장애 아이들 중에서 혀를 거의 안 쓰는 아이들이 있다. 이런 아이들은 으하며 거의 혀를 쓰지 않던 발음을 네하며 혀도 턱도 잘 쓰게 하면 전반적인 조음에 긍정적인 영향을 주게 된다.

4. 자기 차례에만 /네/ 하기

네 대답을 잘 하는데 본인 이름에 대한 개념이 없어서 다른 사람을 불러도 네 하는 경우가 있다. 이 경우에는 반복되는 경험을 통해서 '아~ 아빠라는 말을 했을 때 손 들면 주지 않는구나. 내 이름에 대답했을 때만 주는구나' 하는 추론을 할 수 있도록 해주세요. 만약 반복하여도 깨닫지 못한다면 사진을 활용하세요. 아빠 사진, 아이 사진을 붙여서 부를 때마다 사진을 내밀며 불러보세요. 그러면 두 사람을 구분하여 부르고 있다는 것을 알 수 있을 거예요.

* 이렇게 해서 호명에 대답을 잘 하게 되었다면 평소에 부르는 걸 남발하지 마세요. 아이가 무언가에 몰두하고 있을 때는 부르지 마세요. 어차피 바로 돌아보지 않으니까요. 부르는 말을 자꾸 흘려 듣는 습관을 만들지 말고, 꼭 필요할 때만 아이에게 가까이 가서 어깨를 두드리고 불러 주세요. 그러면 호명에 반응하는 비율이 높아지고 '이름을 부를 때'는 '대답한다'라는 행동이 만들어질 겁니다.

*탁트임 유튜브 영상
'아이게 네 대답하게 이끌기'
호명반응 영상을 보시면 이해가
쉬워요.

인사하기

인사하는 말을 가르쳐줄 때에는 '안녕하세요', '안녕히계세요'보다는 '안녕'과 '빠이빠이'가 좋아요. 말소리내기도 더 쉽고 만남과 헤어짐의 의미를 명확히 알려줄 수 있어서 좋아요.

만날 때 얼굴 보고 '안~~녕'
헤어질 때 얼굴 보고 "빠빠이"

말 배우는 아이에게 안녕과 빠빠이가 안녕하세요/안녕히계세요보다 좋은 이유!

1. 고개숙여 인사하는 배꼽인사는 얼굴을 못보잖아요.
이왕이면 인사할 때 눈맞춤하고 입모양도 보면 좋지요.

2. 안녕하세요, 안녕히계세요, 안녕히가세요.
너무 길고 복잡한 말이에요. 발음이 아직 명료하지 않은 아이들은 이 세가지 말을 모두 아여아에요~로 흘려 말할 거예요. 짧고 쉬운 단어가 좋습니다.

3. 안녕, 빠빠이는 조음과 발성연습에 좋은 단어입니다.
안녕할 때는 아를 길게. 아~안녕!
빠이빠이는- 입술붙였다가 터뜨리기 -빠빠
(발성과 입술동작을 같이 하기 어렵다면 금붕어 뻐끔뻐끔 하듯 터뜨리기만 해도 돼요)
이렇게 매일 인사하면 발성도 좋아지고 입술소리로 시작되는 다른 단어들도 잘 할 수 있게 돼요.

4. 안녕하세요, 안녕히계세요, 안녕히가세요.
시작과 끝이 같은 말이기 때문에 발음이 같은 말로 생각할 수도 있어요. 그러면 만남과 헤어짐의 의미를 학습하기도 어렵겠지요.
안녕과 빠빠이는 말소리가 완전히 다른 단어이기 때문에 만날 때와 헤어질 때를 확연히 구분할 수 있어요.

인사를 시키지 말고 스스로 하도록 기다리기!

맨 처음에는 인사하는 말을 모방하도록 해야겠지요. 그 후 스스로 낼 수 있게 기다려주세요. 예를 들어 헤어지는 상황에서 엄마가 아이에게 '인사해야지'하고 말하기보다는 10초 정도 기다리며 아이가 먼저 '빠빠'하고 말할 수 있는 시간을 주세요.
그래도 말하지 않으면 엄마가 먼저 상대방에게 크게 인사해보세요.
그러면 아이가 따라할 거예요.
그래도 인사를 하지 않으면 아이 손을 살짝 잡고 함께 흔들어요.
"아~"하고 힌트를 주면 아이가 "안녕"
"빠" 입술 터뜨리는 걸 보여주면 아이가 "빠빠이"

훌륭한 의사소통 첫걸음이 되기도 하고 조음, 발성 측면에서도 좋은 습관입니다.
지금부터는 말늦은아이에게 '안녕히계세요', '안녕히가세요' 대신
안~녕과 빠빠이를 이끌어주세요.

어디있나 여기 - 1석 4조의 기특한 활동

앞에서 언급한 어디있나-여기 듣고찾기 하는 활동을 다양한 목표로 진행해 봐요.
이 활동은 준비가 필요하지 않은 아주 단순한 활동이면서도 방법이 쉽고, 아이에 맞춰서 다양한 목표로 진행할 수 있다는 장점이 있어요.

목표1. 어휘 이해
아이가 아직 알아듣는 말이 별로 없어요. 언어발달을 이끌어주고 싶은데 뭐부터 해야할지 몰라요. 그럴 때 이 활동부터 시작할 수 있어요.
아이를 안고 집안 곳곳을 다니며 노래를 불러주세요.

소파 어디있나 여기.
냉장고 어디 있나 여기.
물 어디있나 여기.
시계 어디있나 여기!

아이는 아직 어휘를 잘 모르니 엄마가 노래부르며 아이 손을 함께 잡고 포인팅해주세요.
좀 더 흥미를 가지도록 빠른 속도로 이동하면 깔깔거리고 즐거워해요.
매일 반복하는 과정에서 아이는 새로운 어휘를 배울 수 있어요.

목표2. 대답하기

명명하기	아이가 현재 조작하거나 감지하고 있는 사물의 이름대기 자동차를 가리키며 "자동차."
반복	상대방 말을 따라함. 어른이 '모자'라고 했을 때 따라서 "모자"라고 말함
대답	상대방의 질문에 대답. "이건 뭐야?"에 "토끼"하고 대답함.
행동요구	상대방이 어떤 행동을 취하도록 한다. "과자 주세요."
대답요구	상대방의 대답을 요구한다. 공을 들어올려 보이며 "공?"
부르기	상대방의 주의를 끌기 위해 부르는 것. 떨어져 있는 엄마를 보고 "엄마"라고 말해 다가오게 함
인사하기	상대방에게 자신의 도착이나 출발을 알림. "안녕." "빠이빠이" 등
거부	어떤 것을 싫어하거나 허가하지 않는다는 것을 나타냄. "싫어"
연습	앞의 문장과 연결되지 않는 말을 독백처럼 함.(아빠가 없는데 혼자서 "아빠 아빠" 말함.

1장에서 언급한 의사소통기능(초기구어기능)을 다시 체크해봐요. 대답하기라는 기능이 있어요. 상대방이 먼저 시도한 의사소통에 반응하는 거예요. 쉽게 얘기해서 **누가 뭐라고 말하면 듣고 반응**하는 거죠.

대답을 즉시 잘하는 아이도 있고 한참 후에 대답하는 아이도 있어요. 그 내용이 적절하고 부적절하고를 떠나서 일단 **대답을 즉시 자주** 해야해요.

"눈은 어디 있나 여기" 노래 멜로디에 맞춰서 대답하는 놀이를 자주 하면 그 노래로 묻는 질문에 반사적으로 즉시 대답하게 되어요. 대답을 잘 하지 않는 아이라면 "여기" 정확하지 않은 발음도 좋아요. 포인팅하며 '어' 발성이라도 내면 됩니다. 즉시 대답하는 걸 목표로 해보세요. 노래로 진행하다가 말로 바꾸어 진행해보시고요. 자주 하면 대답 잘 하는 습관이 생긴답니다.

2번 목표는 '여기' 혹은 '어' 라고 **소리를 내어 대답하거나 포인팅을 하는 행동**입니다. 답은 틀려도 좋아요!

목표3. 크게 발성하기

아는 말도 잘 하지 않거나 조그맣게 말하는 아이가 있어요.
이런 경우 크게 발성하여 대답하는 놀이를 많이 하면 평소 말할 때도 씩씩하게 잘 할 수 있어요. 엄마가 의도적으로 큰 발성으로 신나게 어디있나-여기 불러주세요. 아이가 놀이에 푹 빠져서 저도 모르게 크게 말하도록. 처음에 대답을 잘 하지 않는다면 엄마가 큰 소리로 같이 말하고 점차 아이가 혼자 대답할 수 있도록 이끌어주세요.
여~하고 길게 발성을 끌어주시면 좋아요.

목표.4. 질문하기

앞 장의 의사소통기능 중에 대답요구하기가 있어요. 대답을 요구한다는 것은 질문의 기초지요.

아이가 이 놀이에 익숙해지면 역할을 바꾸어 진행해보세요.

아이가 노래를 시작하기, 즉 아이가 엄마에게 질문하는 거예요.

"자 이제 ○○이가 시작해봐. 엄마가 찾을게!"

처음에는 아이가 이름을 말하거나 노래를 시작하는 것에 부담가질 수 있으니 앞소절의 일부를 엄마가 함께 불러주셔도 좋아요.

역할바꾸기가 잘 된다면 아주 좋은 상호작용 놀이가 되겠지요.

아이의 생각풍선을 언어화하기

아이가 생각하는 바를 언어화해주세요. 즉, 의사소통의도를 말로 표현하도록 해주세요.
눈앞에 주스가 있어요. 어떤 생각을 할까요?

주스 먹고 싶다.
주스 주세요.

아래 그림에서 파란색 동그라미는 아이의 생각풍선이에요.
해당 상황에서 아이가 하고 있는 생각이죠. 아직 말로는 표현하지 않지만요.
아이의 생각풍선을 읽는 연습을 해야해요. 그리고 그것을 언어화해주면 됩니다.

아이의 생각풍선에는
"뚜껑 열어"라는 의도가 있어요.
그러나 말로 표현하지는 못해요.

이 상황에서는
아이의 생각풍선에
"비켜"라는 의도가 있어요.

밥 먹기 싫은 상황에서 밥을 주면
"안 먹어"라는 의도를 표현해야
하죠

이 상황에서는
아이의 생각풍선에
"이거 봐봐. 나 이거 이름 다 알아.
나 잘하지" 의도가 담겨 있어요

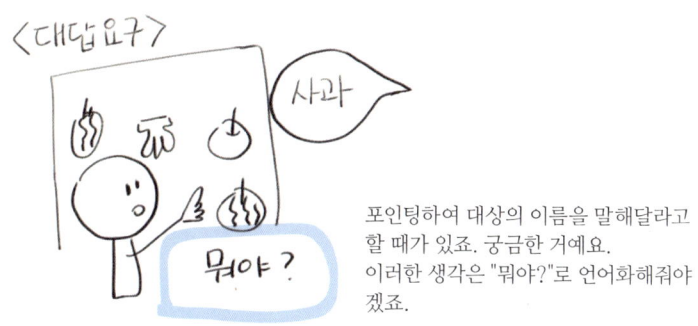

포인팅하여 대상의 이름을 말해달라고
할 때가 있죠. 궁금한 거예요.
이러한 생각은 "뭐야?"로 언어화해줘야
겠죠.

부모님 입장이 아니라 아이 입장을 잘 관찰하고 들여다보세요.

아이의 생각풍선 안에 뭐가 들어있나..

그리고 그것을 말풍선으로 바꿀 수 있게 도와주세요.

짧은 말로요.

동사로 명령하기

우리 아이가 말을 잘 했으면 좋겠어요.. 우리 아이가 표현을 잘 했으면 좋겠어요..라고 하면서도 정작 부모님들은 그런 기회를 주지 않아요. 아이가 수동적으로 부모님의 지시를 잘 따르기를 바라고 대답을 잘하길 바라지 스스로 먼저 말할 기회를 주지 않거든요. 아이들은 자기중심적이에요. 태어날 때부터 먼저 상대 입장을 배려하는 아이는 없어요. 성장하면서 점점 상대의 입장을 생각하는 것을 배우고 깨치는 것이죠. 그런데 어른들은 '자기중심적'인 이 아이들의 내면을 언어화하는 방법을 알려주지 않아요.

아이들이 가지는 가장 기본적인 의사소통의도는 '요구하기'예요. '대답하기'가 아니라는 거죠. 어른들의 지시나 질문에 대답하고 싶은 마음보다 "밥 줘." "물 줘." "저리 가." "비켜" 이런 요구하는 마음이 더 강하다는 거죠. 그래서 의사소통하는 방법을 배우는 단계에서는 '요구하기'를 먼저 이끌어줘요.

아이들에게 어떤 요구하기 의도가 있을까요?

좋아하는 물건이나 간식을 달라고 "~줘."
상자나 봉지를 열어달라고 '열어' '뜯어'
문을 열거나 닫아달라고 '열어' '닫아'
방해하는 사람에게 '가' '비켜'
싫어하는 물건을 '치워'
다 먹은 과자 껍질을 주며 '버려'
싫어하는 행동을 할 때 '그만해'
잠자고 있는 부모님에게 '일어나'

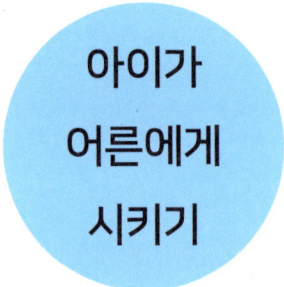
아이가 어른에게 시키기

아이 스스로 하는 능력, 자조능력도 물론 필요해요. 하지만 말이 늦어 고민이라면 자조보다는 의사소통능력이 우선입니다. 일반적인 발달순서상으로도 자조보다 의사소통이 먼저입니다. 계속 그렇게 부모님에게 시키고 스스로 하지 않으라는 건 아니에요. 말이 트일 때까지는 아이가 엄마에게 "갖다 줘."하면 엄마가 갖다주고, "열어." 하면 엄마가 열어주고, "끼워"하면 엄마가 끼워주고... 이런 과정에서 의사소통과 말의 중요성에 대해 깨닫고 성취감을 느끼도록 해주세요. 자조능력은 나중에 키워주셔도 돼요.

아이가 자동차 바퀴를 붙여 달라는 (혹은 끼워 달라는) 의도가 있어요. 그런데 표현을 못해요. 아직 스스로 말하기 어려운 단계에서는 이렇게 "~해야지."라고 말하지 마세요.

아이가 하고싶어 하는 말을 짧게 알려주세요. 상대에게 요구하는 의도가 있다면 명령형으로 크고 힘찬 목소리로 알려주세요. "붙여!" 이럴 땐 이런 말을 해야해..하는 의미로 "하나, 둘, 셋! 붙여.!"라고 해주셔도 좋아요.

몇 번 가르쳐 준 다음에는 첫소리 힌트를 주세요. 첫소리를 강하게 들려주세요. 그래도 아이가 말하지 않는다면 전체 단어를 따라하도록 들려주세요.

첫소리 힌트를 들려주었을 때 말할 수 있게 되면 그 다음부터는 바로 힌트를 주지 말고 10초 기다려보세요. 아이가 스스로 "붙여."라고 말할 수 있을 거예요. 만약 못한다면 다시 앞의 단계를 반복해주세요.

동사로 상황이야기하기

아이가 강아지 인형을 달라고 "멍멍" 말하는 것과 지나가는 강아지를 보고 "멍멍"이라고 말하는 것은 말의 의도가 다르지요. 앞의 말은 원하는 것을 받으려 하는 것으로 '요구하기' 의도가 있어요. 뒤의 말은 눈 앞에 보이는 것을 언급하는 것으로 '관심사 공유(공동주의)'의 의도가 있어요. 요구하는 것이 좀 더 일차적인 의사소통 의도라면 타인과 같은 것을 보고 관심사를 공유하고 소통하고 싶어하는 것은 사회성 측면에서 더 발전적이라고 볼 수 있지요.

명사로 사물의 이름을 말하여 요구하기나 언급하기를 하는 것처럼,
동사로도 이러한 두 가지 의도를 담아 말할 수 있어요.

엄마에게 안아달라고 요구하는 말 "안아"
TV를 보다가 엄마곰이 아기곰이 안아주는 장면을 보고 "안아(주네)"라고 언급하는 말.
같은 말이지만 의도와 기능이 다르지요.

앞장에서 아이가 어른에게 동사로 지시하는 것의 중요성과 활동방법에 대해 다루었어요. 이번에는 눈앞에서 일어난 사건에 대해 언급하는 활동이에요. 실제 상황, 그림책, 동영상에서 인물의 행동을 말하는 거예요. 예를 들면 동영상을 보다가 뽀로로가 넘어졌어요. 이 때 "넘어졌어."라고 말하는 거예요. 공을 던지는 장면을 보고 "던졌어"라고 말하는 거죠. 설명이라고 하기에는 단순해서 '언급하기'라고 해둘게요. 아이마다 말할 수 있는 말소리 내기 능력과 문장구성능력이 달라서 수준에 맞게 이끌어주시면 돼요. "던졌어"라고 과거형을 쓰지 않아도 괜찮아요. "던져"라고 단순하게 말해도 괜찮아요.

눈 앞에 보이는 상황에 대해 상대에게 언급하고,
상대가 거기에 대해 반응해주는 것.
대화주고받기의 첫걸음이 됩니다.

요구하기만 주로 하는 아이라면 언급하기도 이끌어주시고,
언급하기만 주로 한다면 요구하기 상황에서도 스스로 말할 수 있도록 이끌어주세요!

동사학습하기

실제 상황에서 동사로 이야기하려면 먼저 동사를 많이 알아야겠지요.
다음방법으로 동사를 이해하고 표현하도록 도와주세요.

1. 실제 상황에서 동사를 알려준다.
예를 들어서 함께 길을 가다가 새가 날아가는 것을 아이와 함께 보고 있을 때 "날아가네"라고 말해주는 거예요. 그리고 아이가 "날아"라고 따라말하도록 하세요

2. 아이가 경험한 일을 사진이나 동영상으로 보여준다.
아이가 실제 경험한 사진, 가족들의 행동이 담긴 사진, 어린이집에서 친구들이 활동하는 사진 등을 보여주고 행동을 말해주세요. "수영하네" "공 던지네" "강아지 만져"
처음에는 들려주고 그 다음에는 아이가 따라말하도록 하세요. 사진을 반복하여 보여주고 점점 아이 스스로 말하도록 기다려주세요.

3. 시중 그림카드, 동사카드로 활동해요.
다양한 행동이 담긴 그림카드가 있어요. 그림카드를 함께 보며 동사를 들려주고 아이에게 말해보도록 하는 거예요.
그런데 동사를 가르치려고 시중 그림카드를 이용하실 때는 주의할 점이 있어요.
아이가 그 그림의 상황을 이해하는 것만 골라서 사용하시는 게 좋아요.
다양한 그림카드 중 아이가 실제 경험해본 것도 있고 경험해보지 못한 것도 있겠지요. 예를 들어 수영하는 그림카드를 보고 아이 자신이 수영장에 갔었던 경험을 떠올리며 "수영해"라고 말하는 것은 좋은 학습이 될 수 있지만, 한번도 등산을 해보지 못한 아이가 그림카드를 보며 "등산했어"라고 말하는 것은 좋지 않아요. 아이가 직접, 혹은 간접적으로 경험해보았고 그림을 잘 알아볼 수 있는 카드로 활동하세요. 직접경험이 아니더라도 '요리하다'와 같이 타인이 하는 것을 보았던 간접경험어휘를 알려주는 것은 괜찮아요. 어쨌든 그림카드와 같은 상징물을 이용할 때에는 그 상황과 행동의 의미를 해석할 수 있는 단계에서 사용하는 것이 좋습니다.

4. 동영상을 보며 이야기해요.

아이가 좋아하는 동영상을 함께 보며 인물이 하는 행동을 언급해주세요.
아직 말이 트이지 않은 아이라면 대사가 너무 많거나 말이 빠른 동영상은 좋지 않아요.
말을 듣고 처리하고 의미를 이해하려면 대사가 짧고 말 속도가 느린 것이 좋습니다.
인물의 행동을 보며 "뽀로로 넘어졌어." "루피 요리해"등 함께 보고 있는 장면에 대해 이야기해주세요. 같은 편을 반복하여 여러 번 보는 것이 언어학습에는 효과적입니다.
또 함께 본 동영상 장면을 캡쳐한 후 프린트하여 다시 이야기해준다면 더 좋겠지요

말늦은아이에게 '주세요' 대신 '줘'

주세요는 아이에게 꽤 어려운 발음이에요.
그래서 조음발달이 많이 지체된 아이들은 주세요를 "우에오"라고 하는 경우가 있어요.
이 경우에는 주세요보다 줘를 먼저 가르쳐주세요.

줘보다 주세요가 기니까 좋다. 어른에게 반말을 하면 안되니까 주세요를 써야된다
등 나름의 이유가 있겠지만 줘가 더 좋은 이유를 한번 들어보세요

1. **자연스러운 말소리**에 좋아요 아이가 현재 3음절어를 잘 낼 수 있는 수준이 아닌데 무리하게 3음절어를 내게 해서 말이 다 끊어져요. 우.에..오. 이것은 자연스러운 말소리가 아니지요.
 정확하게 내는 한음절과 한 음절을 연결해서 자연스러운 2음절을 먼저 연습하고 그 다음에 3음절을 이어나가는 것이 좋습니다. 예를 들어서 바나나를 연습할 때에도 **나나** 또는 **바나**를 먼저 연습하고, 그 다음에 **바/나나** 또는 **바나/나**로 연습해야 자연스럽게 이어져요.

> * 아이가 3음절을 말하지 못한다면 2음절어와 줘를 연결해주세요.
> 만약 까까를 잘한다면 까까 주세요 하는게 아니라 까까 줘 이렇게 자연스럽게요. 사과 주/세/요/ 까까 주/세/요라고 말하는 것보다 사과줘 까까줘 빠방줘 이렇게 두 단어를 연결한 3음절을 쓰는 것이 훨씬 자연스럽죠.

2. 발달장애아이들에게는 **높임말과 예사말을 구분하기 어려울 수** 있어요. 그래서 상대에 따라 구분하여 쓰는 것이 아니라 그냥 처음에 배운 것 그대로 주세요를 쓰고 이경우 친구한테도 그대로 주세요라는 말을 하게 돼요. 그러면 옆에서 선생님이나 엄마가 "친구한테는 주세요 하는 거 아니야."라고 말을 하겠죠. 그러면 아이는 친구한테 말을 아예 안 해버려요.
만약에 아이가 높임말과 반말 중 하나만 선택해야 한다면 어떤 것을 쓰게 하실거예요?
어린이집에서 친구에게 주세요라고 하는 것이 어색한가요, 아니면
어른한테 줘라고 하는 게 더 어색한가요?

3. 문장으로 발전하기 쉬워요.

주세요를 하면 3음절어를 말하는 것에서 그칠 수 있지만,
줘를 하면 2단어를 자유자재로 연결하여 더 많은 문장을 만들기가 쉬워요.
물론 "주세요"도 숙달되면 앞에 단어를 연결해서 사과주세요 우유주세요 할 수 있지만,
"줘"를 배웠을 때 좀 더 쉽게 연결할 수가 있어서 문장산출이 좀 더 빨리 이루어져요.

4. 말의 쓰임을 정확히 알아야해요. 요를 빼는 게 좋아요. 일반적인 발달을 하는 경우라면 괜찮지만, 발달장애 아이들에게는 서술어 뒤에 붙는 어미에 따라서 말의 의도가 달라진다는 것을 잘 몰라요. 먹어 먹을까 먹을래 먹자 화자의 의도가 종결어미에 따라 달라지는데 만약에 요가 붙는다면 먹어요, 먹을까요 먹을래요 등으로 다 맨끝에 오는말이 요가 돼요1 그러면 이게 질문인지 명령인지 서술인지 구분이 안되게 돼요 우선은 존대하는것보다 더 중요한 것은 말의 기본적인 쓰임을 정확히 이해하고 사용하는 거예요. 그래서 각 종결어미의쓰임을 정확히 안 다음에 요를 붙이는 것이 좋아요.

5. 조음습관에도 줘가 더 좋아요. 발음이 뭉개지는 아이라면 줘를 쓰게 해주세요.
"주세요"하고 이어서 말할 때보다 "줘"혹은 "추"하고 마찰시키는 소리, 자음을 강조했을 때 혀를 앞으로 내어서 사용할 가능성이 높아요. 줘는 일상에서 아주 많이 쓰일 수 있는 말이라서 자연스러운 혀 운동이 될 수 있답니다.

이상 발달장애 아이들, 혹은 말늦은 아이들에게 주세요보다 줘를 먼저 가르쳐야하는 이유 5가지에 대해 말씀드렸어요. 아이의 언어가 발전하는 것이 더 중요한지, 존대말을 쓰는 것이 중요한지 그리고 3음절을 쓰는 것이 더 중요한 지, 두 단어를 연결해서 일상에서 다양한 표현을 할 수 있는지가 더 중요한 지 한번 생각해보세요.

응 대신 네 대답해요!

1. 즉시 대답하기
아이가 "네" 대답하길 원한다면 엄마, 아빠도 평소에 대답을 잘 하세요. 아이가 엄마~ 하고 부르면 즉시 "네"하고 대답하세요. 혹시 부르지 않았더라도 엄마 소리가 나오면 "네"하고 대답하세요. '아~ 엄마 하면 꼭 대답을 하는구나. 나도 나를 부르면 대답을 해야지'라는 생각을 할 수 있게요. 엄마, 아빠가 즉시 대답을 잘하면 아이도 자신의 이름에 즉시 대답하는 걸 배우겠지요. 아이가 말의 중요성과 주고받기 의사소통을 배울 수 있어요.

2. 적극적인 말운동(입술과 턱, 혀)
말늦은 아이들이 좀 더 혀 움직임과 말소리를 크게 낼 수 있게 하기 위함입니다. '응'을 했을 때는 혀를 거의 쓰지 않고 입도 안 벌려요. '응'이라도 발음하는 경우는 거의 없고 '음'하고 살짝 말하는 경우가 많지요. '어'는 입은 벌리지만 진짜 살짝 벌리고 혀도 안 써요. 조음 측면에서는 전혀 도움이 안 됩니다. 반면 '네'는 혀도 앞쪽으로 내야하고 입도 벌리고 턱도 내려야 해요. '어'에 비해서 아주 적극적인 조음이지요. '네' 대답을 자주 하면 혀운동+턱운동+발성을 할 수 있는 좋은 활동이 됩니다.

3. 네 대답은 명료해요.
"어"를 했을 때는 그냥 나온 말인지 대답을 한 건지 구분이 안 돼요. '네'하고 말한다면 누구나 대답을 했다고 알아들을 수 있지만, '응'하고 작게 말하면 이게 옹알이인지 대답인지 모르겠지요. 적극적으로 대답하기를 하고 거기에 대한 피드백을 정확하게 받을 수 있도록 '네'로 대답하게 하세요. 마찬가지로 아이도 엄마, 아빠의 대답을 잘 알아들을 수 있게 엄마와 아빠도 '네'로 대답하세요.

4. 엄마, 아빠가 서로를 부를 때 '네'라고 대답하세요.

모델링이라는 것은 누군가에게 시범을 보이는 일이에요. 어떻게 하는 것인지 실제로 보고 배우게 하는 것이죠. 아이가 '네'하고 대답하기를 원하면 '네'하는 모습을 많이 보고 듣게 하시면 됩니다. 그래서 아이가 대답을 원활하게 하기 전까지는 아빠가 엄마를 부르면 엄마가 '네' 대답하고, 엄마가 아빠를 부르면 아빠가 '네' 대답하세요.

5. "왜"라고 대답하지 않기

"엄마~" 불렀을 때 "왜?"라고 대답하시는 분들이 적지 않습니다. '왜'라는 대답은 사무적입니다. '부른 이유가 뭐야? 필요한 일 있을 때 말고는 부르지 마!'라는 느낌이에요. 특히 발달장애 아이들의 경우는 나중 언어학습을 위해서라도 절대 '왜'로 대답하지 마세요. '왜'는 질문이지 대답이 아니잖아요.

> 엄마, 아빠가 네! 하고 크게 대답하면
> 아이도 대답을 잘 해요

예 아니오 대답하기

간단한 질문에 네/아니오로 대답하는 것을 이끌어주세요. "사과 먹을거야?" "마이쭈 줄까?" "집에 갈래?" 등으로 아이의 의사를 묻는 질문을 해요. 이 때 대답은 예스/노 두가지로만 분명히 하는 것이 좋습니다. "사과 먹을거야?"에 "사과 먹을거야."라고 대답하는 것이 아니라 '네'하고 대답하는 것입니다.

아이가 네 대답하면 즉시 사과를 줍니다.

> **잠깐!**
> 이 활동에 앞서 '사과 줘', '마이쭈 줘' 등 요구하는 것을 스스로 말하게 이끌어주세요. 요구하기 개념이 없는 상황에서 예스노 활동을 먼저 진행했을 때 '사과 줘' 해야하는 상황에서 '사과 줄까?'라고 **반향어**를 사용하기도 해요. **요구**와 **질문**의 차이를 인식하지 못하는 것이지요.

1. 아이에게 직접 가르쳐주기

좋아하는 음식과 싫어하는 음식을 준비한 후 아이에게 물어봅니다.
"사과 줄까?"
아이가 대답하지 못하면 아이가 해야 할 대답을 엄마가 말합니다.

먹고싶은 것이 분명하지만 대답하지 못한다면

아이가 해야할 말만 "네" 짧게 가르쳐줍니다.

몇 번 좋아하는 음식을 제공한 후 싫어하는 음식을 보여주고 물어봤을 때 대답을 못하면 "아니"라고 가르쳐주면 됩니다.

"사과 주세요." "사과 먹고싶어요." 등의 문장으로 말하게 하지 마세요. 이 질문에는 "네/아니오."로 간단히 대답하는 것이 좋습니다. 다른 설명 없이 네 하면 음식을 주고, 아니 하면 음식을 치웁니다.

2. 다른 가족이 모델링하기

엄마가 질문자의 역할을 하면 아빠나 할머니, 형제 등이 모델링을 보여줍니다.
즉, **다른 두 사람이 서로 묻고 답하는 것을** 보고 아이가 배우게 하는 것입니다.

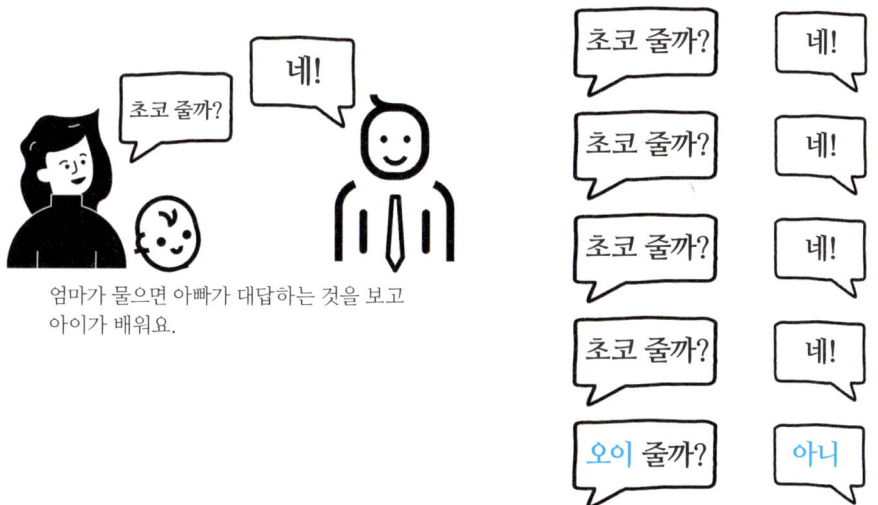

엄마가 물으면 아빠가 대답하는 것을 보고 아이가 배워요.

*한자리에서 **5회이상 반복하여 충분히 이해할 수 있게** 해주세요.
한 번 보여주고, 다음날 또 한 번 보여주는 것보다 그 자리에서 집중적으로 5회 이상 반복하는 것이 효율적이에요.

*아이가 이 활동에 거부감 있거나 전혀 관심이 없다면 **조금 더 성장한 후에 하는 것이 좋아요.** 예/아니오 말고 다른 목표를 먼저 이끌어주고 난 후 다시 시도해 보세요.

3. 동영상 모델링

위 방법처럼 엄마, 아빠가 서로 질문, 대답을 해도 통 관심이 없거나 봐도 이해를 못하는 경우가 있습니다. 이럴 때 동영상으로 찍어서 보여주면 이해하는 아이들이 있습니다. 가족끼리 묻고 답하는 동영상을 찍어서 틀어주셔도 좋고, 탁트임 유튜브 채널의
예스노 모델링 영상을 보여주셔도 됩니다.

4. 녹음부저 활용하기

말소리가 녹음되는 부저를 준비합니다.

쇼핑몰에서 '녹음부저'라고 검색하시면 됩니다. 퀴즈대회에서 정답을 말할 때 쓰는 버튼입니다. **반드시 녹음이 가능한 것인지를 확인**하고 구매하세요

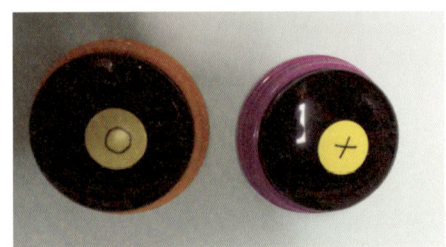

색깔이 달라서 구별되지만 OX스티커를 붙여주면
더 구분이 잘 될거예요!

아이에게 "젤리줄까?"라고 질문 후 엄마가 아이 손을 잡고 '네' 부저를 눌러주세요. 그리고 젤리를 바로 주세요. 이 때는 엄마가 "젤리 줄까?"라는 질문 이외에는 다른 말을 하지 마세요. "젤리 줄까?"와 녹음된 목소리 "네"만 들리도록 해주세요.

5회 정도 "젤리 줄까?" 질문하고 "네" 부저를 누르고 젤리를 주는 행동을 반복한 후, 아이 스스로 부저를 누를 수 있는지 확인해보세요. 스스로 할 수 있다면 네 대답하는 활동을 몇 일 더 반복한 다음 '아니' 대답도 유도해보세요.

아직 말소리를 원활하게 낼 수 없는 아이라면 당분간 부저로만 대답해도 허용해주세요. 말이 아니라도 질문을 듣고 이해하여 대답하는 행동은 훌륭한 의사소통입니다.
정확히 예스노 의사를 부저로 표현할 수 있게 되면 부저를 치워서 제스처나 발성으로 표현할 수 있게 유도해보세요.

4
말소리
다양하게
내기

3장의 방법들로 말을 가르쳐봤는데
말소리 내는 것이 잘 안된다면 진도가 나가지 않죠.
말하는 데 필요한 기관을 아이가 더 잘 조절하고 움직일 수 있게 연습하는 방법을 4장에 실었습니다.
발성, 조음 능력을 키워 더 다양한 말소리로 표현할 수 있게 도와줘요.

글자와 말소리는 달라요! 말소리 체계를 알아봐요.

우리 말소리의 특징을 잠깐 알아봐요.
우리 말은 음절구조로 이루어져 있어요. 각 음절마다 모음이 꼭 들어가 있어요.
모음은 ㅏ ㅑ ㅓ ㅕ ㅗ ㅛ ㅜ ㅠ ㅡ ㅣ 같은 소리들이에요.
모음이 단독으로 음절을 이루기도 하고, 자음 뒤에 붙어서 음절을 이루기도 해요.

첫소리 ㅇ은 자리만 메꾸는 역할이고
소리가 없어요. 빈껍데기라고 생각하시면 됩니다.

아
모음 1개로 이루어진 1음절

아이
모음 2개로 이루어진 2음절

나이
자음 1개, 모음 2개로 이루어진 2음절

가지
자음 2개, 모음 2개로 이루어진 2음절

침대
자음 3개, 모음 2개로 이루어진 2음절

자음과 모음, 그리고 음절의 개념을 아시겠지요.
왜 이런 개념을 다루냐면요. 이 책을 읽는 분들은 아이 말을 이끌어주시려는 거잖아요. 그런데 아이들이 말을 잘 따라하는 아이가 아니에요. 그러면 굳이 이 책을 읽을 필요가 없는거죠. 다른 애들은 말을 잘 따라하고 기억해서 스스로 말하는데 우리 아이는 그걸 어려워하니 잘 할 수 있는 방법으로 알려주자는 거예요.
원리를 알면 우리 아이가 왜 어려워하는지, 어떻게 하면 좀 더 쉽게 알려줄 수 있을 지 아실 거예요. 좀 더 복잡한 단어를 살펴볼게요

냉장고는 3음절이에요. 그런데 이것은 편의상 3개의 음절로 표기한 것이고, 실제로 말할 때에는 이것을 풀어말하게 돼요.

ㄴㅐㅇㅈㅏㅇㄱㅗ
자음5개, 모음 3개로 이루어진 3음절

받침ㅇ은 자음이며, 소리가 있습니다.
아의 ㅇ과 **냉**의 ㅇ은 다른 것입니다.

3개의 글자로 표기되었지만, 8개의 소리로 이루어져 있어요.
이 8개를 가로로 풀어쓴 순서대로 발음해야합니다.
ㄴ ㅐ ㅇ 같은 하나하나의 소리 **요소들이 다 들어있어야 하고**
그것을 **순서대로** 놓는 것입니다. 그것이 말소리를 엮어 단어를 말하는 원리입니다.
아이는 ㅏ와 ㅣ 를 순서대로 말하는 것입니다.
가지는 ㄱ, ㅏ, ㅈ, ㅣ 4개의 소리를 순서대로 말하는 것입니다.

한 가지 더 다룰 것이 있어요. 바로 음운규칙 이에요.
잡아 라는 단어를 풀어볼게요.

ㅈㅏㅂㅏ

글자로 쓸 때에는 잡아라고 쓰지만, 읽을 때는 자바예요. 그래서 아까 첫소리 ㅇ은 빈껍데기라고 설명한 거예요.
갓다놔라는 말을 풀어볼게요.

ㄱㅏㄸㅏㄴㅘ

붙여

ㅂㅜㅊㅕ

이렇게 음운규칙을 적용해서 실제 소리나는대로 가르쳐줘야해요. 내 머릿속의 글자 이미지를 지워버리세요. **붙여**를 발음하려면 **ㅊ**발음이 되어야하는데 말을 가르쳐주는 사람에게는 ㅊ발음을 가르쳐준다는 인식이 없어요. 글자만 생각하기 때문이죠.
글자는 머릿속에서 지워버리고, 소리를 떠올려보신 후 가르쳐주세요.

단어를 스스로 말하려면

말늦은 아이들은 다음과 같은 순서로 단어를 알려주면 잘 말할 수 있게 돼요.
바나나라는 단어를 스스로 말하게 하려면 다음과 같은 순서로 도움을 줘요.

단어를 통째로 잘 따라하지만 스스로 말하지 않는 경우

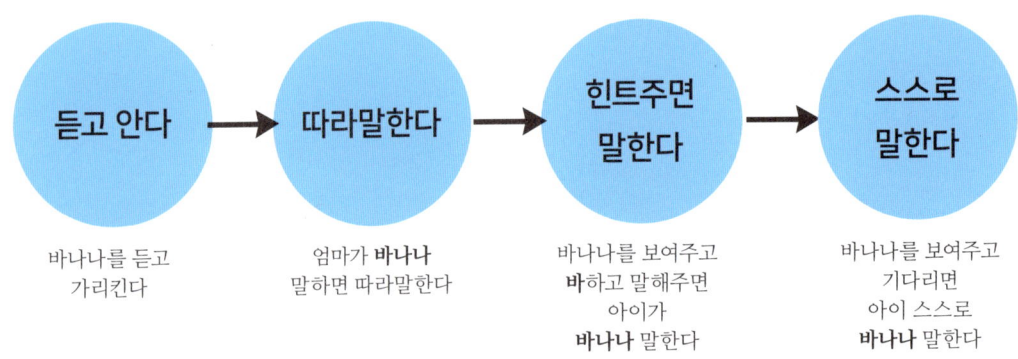

어떤 말을 스스로 하려면 우선 그 말을 듣고 이해하는 것이 첫걸음이 되어야겠지요.
듣고 의미를 아는 어휘를 먼저 이끌어줍니다.
힌트는 위의 경우처럼 첫음절 바를 말해줄 수도 있고,
바 입모양만 붙였다 떼는 것을 보여줄 수도 있어요.
힌트를 주어도 아이가 잘 말하지 못하면 전체를 따라하는 단계로 다시 돌아가세요.
2단계를 잘 하게 되면 3단계로 넘어가고, 잘 안되면 다시 돌아오고..
3단계를 잘 하게 되면 4단계로 넘어가보고, 잘 안되면 다시 돌아오고..
아이의 수준을 잘 파악하고 전단계로 돌아갈 것인지 계속 진행할 것인지를
잘 판단하는 것이 중요합니다.
아는 단어는 많지만 자발적으로 말하지 않는 아이라면 2단계인 따라말하기만 하고
3, 4단계로 넘어가본 적이 없는 것이 아닌지 생각해보세요.

단어를 통째로 따라할 수 없는 경우

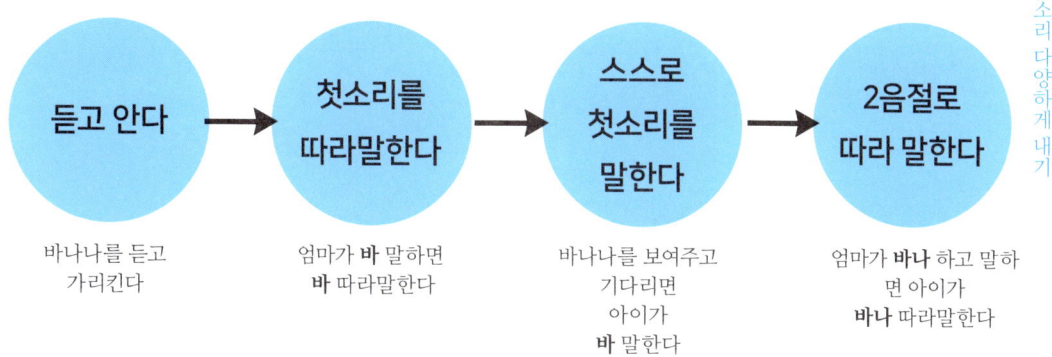

연속된 말소리를 따라하는 것을 어려운 아이는 하나하나 순서대로 연습하면 됩니다.
바나나라는 말을 따라하려면 자음 ㅂ, ㄴ과 모음 ㅏ를 낼 수 있어야 합니다.
바만 말하는 것보다 바나를 이어서 말하는 것은 더 어렵지요.
바를 충분히 연습하여 정확히, 스스로 낼 수 있으면 2음절로 따라하게 해주세요.
바를 빠나 파로 조금 다르게 말해도 괜찮아요. ㅂ은 입술소리이므로 입술만 붙였다 떼면 됩니다.

바나나보다 좀 더 복잡한 단어를 볼게요. 앞에 예를 들었던 냉장고를 분석해봐요.

받침ㅇ은 자음이며,
소리가 있습니다.
아의 ㅇ과
냉의 ㅇ은 다른 것입니다.

바나나보다 말소리의 개수도 많으며 자음과 모음의 종류도 다양하죠.
바나나에서는 ㅏ 모음이 3번 반복되기 때문에 3음절이지만 발음하기 쉬운 편이에요.
하지만 냉장고는 ㅐ, ㅏ, ㅗ 3가지 모음이 포함되죠. 게다가 자음도 3가지, ㅇ받침도 들어가 있어요. 이런 복잡한 단어는 쉬운 단어 먼저 연습한 후 나중에 하는 것이 좋아요.
하지만 아이의 일상에서 중요한 단어라면 우선적으로 이끌어줘야 하는 경우도 있어요.

복잡한 단어 발음 팁

어떤 단어는 복잡하지만 아이의 일상 의사소통에서 매우 중요해요. 예를 들어 선생님이란 말은 아이의 일상에서 자주 쓰이는 말이죠. 파인애플을 좋아하는 아이라면 파인애플이란 말을 하는 것이 중요해요. 할머니, 할아버지, 포크레인, 냉장고 등 우리 아이에게 특히 중요한 단어가 있어요. 이럴 경우 아이가 말하기 쉽도록 단순화하여 알려주세요.

1. 길이를 줄인다

> 할머니-> 함미   할아버지->하삐   포크레인->포크
>
> 냉장고->내짜   파인애플->파내

이렇게 길고 복잡한 음절을 보다 **짧은 1~2음절로 단순화**하여 따라하게 해보세요. 정확한 발음보다는 의사소통을 위한 것이니 **다른 말과 구별**되게 말하여 가족들이 알아들을 수 있는 것을 목표로 해보세요.

2. 비슷한 말소리를 반복한다.

> 바나나-> 바바바   포도->포포   뽀로로->뽀뽀뽀
>
> 고기->꼬꼬   젤리->째찌

여러가지 말소리를 섞어 말하는 것보다는 몇가지 말소리를 반복하는 것이 더 쉽지요. **포**에서 입술을 붙이고 말한 후 **도**를 말할 때 혀를 앞으로 내어 말해야하는데, 이를 계획하여 처리하는 것은 어려워요. **포도**를 말하기 어려워한다면 음절수만 맞춰서 첫소리를 반복하게 해주세요.

고기의 경우는 ㅗ 모음과 ㅣ 모음 두가지가 들어가서 어려워 한다면 ㅗ 모음 한가지로 통일해주면 보다 쉽게 말할 수 있어요. 하지만 **꼬꼬**(닭)라는 말을 잘 사용하는 아이라면 고기와 닭을 구분해서 표현해야하니 **꼬끼**로 점점 연습하는 게 좋겠지요.

마찬가지로 젤리의 경우도 **째째**라고 말하는 것이 더 쉽겠지만, **짹짹**과 구분하기 위하여 **째찌**로 이끌어주시면 됩니다.

3. 쉬운 자음으로 바꾸어준다.

> 선생님-> 떤땐니　화장실->하당티　자동차->다동타
>
> 장갑->당갑　주스->두뜨　젤리->때이　오리-> 오디

발달순서 상 나중에 말하게 되는 소리들이 있어요.

ㅅ, ㄹ 이 대표적인 어려운 말소리죠.

말을 배우는 초기에는 ㅈ, ㅉ, ㅊ, ㅅ, ㄹ 소리를 다른 말소리로 바꾸어 말해도 괜찮아요.

ㅅ, ㅈ, ㅉ, ㅊ는 ㄷ, ㄸ, ㅌ 발음으로 바꾸어 말할 수 있어요.

사탕을 **타탕**, 주스를 **두뜨**, 사과를 **타과**라고 하는 것은 거의 모든 아이에게서 전형적으로 나타나는 현상이에요. 하지만 사과를 **가가**라고 하거나 **아가**라고 하는 것은 비전형적인 오류입니다. 가가, 아가라고 하는 것보다는 **타가**로 말하게 해주세요.

ㄹ 은 생략하거나 ㄷ로 바꾸어 말해도 괜찮아요.

머리를 머이라고 하거나 머디라고 하면 다른 사람이 알아듣겠죠.

하지만 오리를 오이라고 한다면 오이와 구분되지 않을 거예요. 오디라고 발음하면 오리를 뜻한다는 걸 알 수 있을 거예요.

이처럼 중요한 포인트는 다른 말과 구분하여 알아들을만한 발음을 목표로 하는거예요.

4. 받침은 단순화한다.

우리가 말을 하는 가장 큰 목적은 의사소통을 하는 거예요.
아이가 말을 배우는 최우선 목표도 의사소통이며 그 첫단추는 알아들을만큼 말하는 것입니다. 누가 알아들을만큼? 가까운 사람이 알아들을만큼.
복잡한 말소리를 모두 다 챙겨말할 수 없으니 말 명료도에 가장 영향을 주는 첫소리와 모음을 우선 정확히 발음하고 받침은 단순화해요.

앞음절의 받침이 그 다음오는 첫소리와 합쳐진다고 생각하면 돼요.
침대의 ㅁ받침이 대의 ㄷ과 합쳐지면 뒷소리를 따라가요. 뒤의 첫소리가 앞소리를 따라가는 것은 좋지 않아요. 받침이 뒷소리에 합쳐지는 것입니다.

침대->친대 OK   침대->침배 bad

(ㅁ은 입술소리인데 ㄷ과 같은 곳에서 발음하는 ㄴ으로 바뀌었어요)

생략된 것처럼 보이지만 이 경우에도 뒷소리의 영향을 받아 단순화된 것이랍니다.

냄비->내비 **ㅁ생략**   냄비-> ㅁ이 ㅂ로 바뀐 후 ㅂ+ㅂ=ㅃ 됨 -> 내삐 **단순화**

선생님-> 떤땐니   빨대->빠때   자동차->다돈타

연필->염피   풍선->푼터   팝콘->파코   감자-> 간자

너무 어렵죠? 그냥 받침이 뒷소리에 비슷하게 따라가거나 받침이 생략되더도 된다라고 알아두시면 돼요.
단, 1음절어에서 받침은 살려서 연습하는 것이 좋아요.
뱀에서 ㅁ받침, 빵에서 ㅇ받침, 똥에서 ㅇ받침, 떡에서 ㄱ 받침..

말하기 쉬운 단어

말늦은 아이들은 대부분 말소리를 따라하는 것을 어려워해요. 아직 머릿속에 우리말소리 체계가 갖춰져 있지 않거나, 발음을 하기 위한 근육을 잘 조절하지 못해서 그래요. 말늦은아이들에게는 짧고 쉬운 말을 따라하도록 해야해요. 말소리의 포인트도 강조해 줘야 하고요.

그럼 어떤 말소리가 발음하기 쉬운 소리인지 알아봐요.

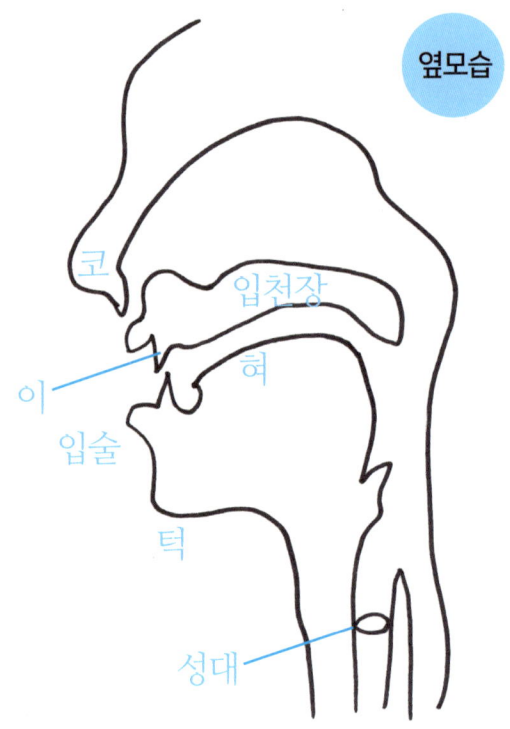

쉬운 말소리

모음 아 이 에 오 우

입술소리(양순음) 마 바 빠 파 암 압

혀 앞쪽소리(치조음) 나 다 따 타

혀 뒤쪽소리(연구개음) 가 까 카 앙

마찰, 파찰음 시 지 치 찌

모음을 낼 때에는 턱을 올리거나 내리며 성대를 울린다.

양순음 마 바 빠 파 암 압을 낼 때에는 입술을 붙였다 떼거나 붙인 채로 유지한다.

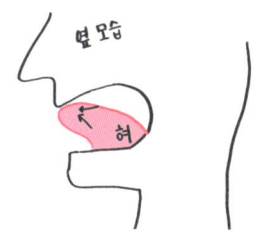
치조음 나 다 따 타를 낼 때에는 혀를 앞으로 내어 윗니 뒤에 붙였다 뗀다.

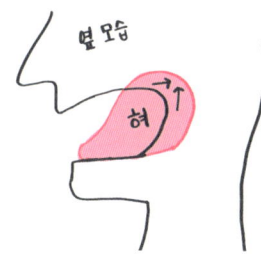
연구개음 가 까 카 앙을 낼 때에는 혀 뒤쪽을 위로 올려 뒤쪽 입천장에 닿게 한다.

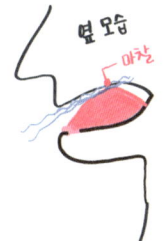
마찰, 파찰음 시 지 치 찌를 낼 때에는 혀가 입천장 중간쯤에 닿을 듯하면서 공기를 마찰시킨다.

구강운동

어린 아이가 구강운동을 할 수 있을까요? 네 할 수 있어요.
큰 아이들처럼 혀로 볼을 밀기 이런 어려운 거 아니구요. 아주 단순해요.
자신의 혀, 턱, 입술, 연구개 등 조음기관을 의도적으로 움직이는 연습을 하는 거예요.
혀 내밀어 봐 하면 혀 내밀고, 입술 암 해봐 하면 다무는 거예요.
너무 쉽다구요? 아뇨.
말늦은 아이들에게 이런 쉬운 동작을 시켰을 때 어려워 하는 아이들이 많아요.
혀 내밀고 에~시키면 0.1초만에 쏙 들어가는 아이도 있구요
혀를 좌우로 엘렐렐레 시켜보면 고개를 흔드는 아이도 있어요.
내 몸을 내가 맘대로 못 쓰는거죠.
그럼 어쩌냐구요? 자꾸 연습하면 돼요.
전혀 안 되는 동작은 계속 시도하면서 조금 비슷하게 움직이려 하면 칭찬해줘요.
바로 그거야! 하고. 그러면 아이는 조금씩 움직임을 기억하게 되고 점점 잘하게 돼요.

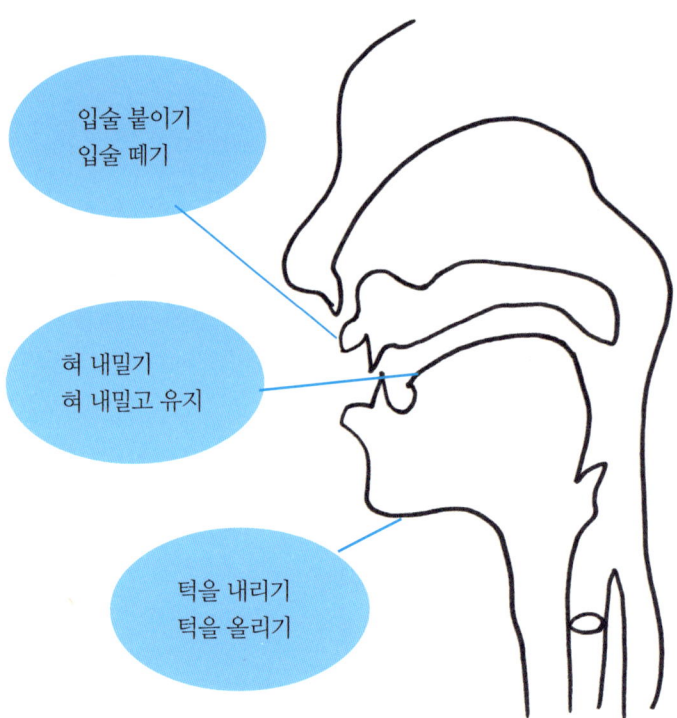

입술 붙이기
입술 떼기

혀 내밀기
혀 내밀고 유지

턱을 내리기
턱을 올리기

아이와 함께 연습해요! 가장 기초 수준 구강운동

발성 없이 하는 동작

혀 내밀기 혀가 입술 밖으로 나오도록 내밀기. 5초 유지하기

혀 낼름거리기

턱 아래 위 움직여 딱딱 이 부딪히기

입술 빠끔빠끔 터뜨리기

후 촛불 불어서 끄기, 또는 휴지조각 불어 날리기

푸 입술 투레질하기 잘 안되면 입술 붙였다가 강하게 푸 기류 내기

발성 같이 하기

아 턱을 내리고 성대를 울려 아 소리내기. 점점 더 길게 큰 소리 내기

이 턱을 올리고 성대를 울려 이 소리내기. 입꼬리 옆으로 당기기

에 혀 살짝 내민 상태로 소리 내기

음 입술 다물고 코 울려서 소리 내기

가글하는 소리 내기

움직이고 싶은 부분을
타이밍에 맞게 움직이기

모음 아이에오우

아이 발음이 유난히 불명료하고 외국어 같이 들리는 경우, 잘 들어보면 모음을 제대로 안 내는 경우가 많아요. 예를 들어 "빠방"이라고 말하는데 ㅃ,ㅂ소리만 급히 내고 아 모음은 거의 안 내고 있어요. 이 때 아이를 자세히 관찰해보면 턱을 거의 안 움직이는 것을 볼 수 있어요. 턱을 유연하게 움직이지 못하거나 발성을 길게 유지하지 못하면 모음을 정확히 낼 수 없어요.

모음 중 가장 먼저 연습해야 하는 것은 **아**와 **이**예요.
아는 턱을 많이 내리고 발성을 해야해요. 발성은 **성대**를 울려 소리내는 거예요.
(아 소리를 낼 때 목에 손을 대면 울림이 느껴져요. 그 부분이 성대예요.)
턱을 내리지 않은 상태에서 **아** 해보세요. **어**도 아니고 **으**도 아닌 애매한 소리가 나죠.
아빠 말할 때 예쁜 **아** 소리가 나도록 턱을 내리게 해주셔야 해요.
이는 턱을 올리고 발성해야 해요. 어떤 아이들은 턱을 계속 내린 채 말을 해요.
그러면 **이** 발음이 **애**나 **으**처럼 불명료하게 들려요. 입꼬리까지 당기면 더 좋지만, 최소한 턱은 올려서 **이** 발음을 하게 해주세요.

먼저 아와 이 구분해서 소리내기
턱을 많이 내린 소리.
턱을 많이 올린 소리

에는 아처럼 턱을 내리지만 입꼬리를 조금 당기고 혀를 살짝 앞으로 내어야해요.
이런 미세한 조절은 하기 어렵기 때문에 에 모음은 나중 순서로 미뤄두셔도 됩니다.
아와 이가 가능하여 에 오 우를 연습하려 하는데 전혀 안 되는 경우가 있어요.
이 때는 아이 이아 두 모음을 붙여서 말하는 연습을 하세요.
아이는 턱을 내렸다가 부드럽게 올려야 해요. 발성은 계속 유지하고요.
이아는 턱을 올린 상태에서 발성하면서 턱을 내려야해요.

모음만 연습

1. 아, 이
2. 아이, 이아 연결하기
3. 에
4. 에이
5. 우
6. 우아, 우이, 아우 연결하기
7. 오

자음이 포함되지 않은, 모음만 연습하는 경우입니다. 아이들마다 반응과 능력이 다 다르기 때문에 이 순서대로 해야하는 것은 아닙니다. 이 중 잘 따라오는 것부터 먼저 하면 됩니다. **아**와 **이**보다 **우**를 먼저 하는 아이라면 **우**를 먼저 연습하면 됩니다.

모음으로만 구성된 1~2음절어를 잘 할 수 있다면, 자음이 포함된 1~2음절 단어에서 모음을 정확히 발음할 수 있게 연습하세요.

예를 들어 치약이란 단어에서는 치~할 때 턱을 올리고 약 할 때 내려야 하죠. 이때 일차적 목표는 턱을 움직이는 것이고 2차적 목표는 그 움직임이 부드럽게 연결될 수 있도록 하는 것입니다. 가지의 경우는 반대로 턱을 내렸다 올리는 단어입니다.

이렇게 실제 의미있게 쓰이는 단어에서 모음을 정확히 하도록 연습해보세요.

자음 같이 연습

1. **턱 내리기** 빵 칼 배 발 넣어 타 까까
2. **턱 내렸다 올리기** 밥 뱀 나비 나무 뱀 아니 야옹 여우
2. **올리고 유지하기** 칙칙 치즈 이불 그림 기린
3. **턱 올렸다가 내리기** 찢어 끼워 있어 입어 그려 응가 수박 미안 삐약 진짜
4. **턱 두 번 내리기** 엄마 아빠 바다 빵빵 닫아 업어 안아 버려 앉아

턱을 과하게 움직이지 않아도 좋아요. 살짝이라도 상하로 움직이면 됩니다.
위의 단어는 예시이므로 아이가 잘 사용하는 단어에서 모음을 연습하시면 됩니다.
자음보다 꼭 모음을 먼저 연습해야하는 것은 아닙니다. 발성이 잘 되지 않는 일부 무발화아동들은 모음을 못 내더라도 자음부터 연습해도 됩니다.

입술 소리 (양순음) 마 바 빠 파 암 압

1. 입술을 붙이고 있는 상태에서 떼며 소리내기

우선 **마, 바, 빠, 파** 중 1가지 소리를 내도록 한다.
엄마는 하는데 마가 안 되고, 아빠는 하는데 빠가 안되는 아이라면
먼저 입술을 세게 물고 있다가 /빠/하고 터뜨리는 소리를 유도한다.
(발성이 없는 물고기 뻐끔뻐끔 소리. 성대가 울리지 않고 입술만 터뜨리는 소리)
처음에 입술을 스스로 붙이지 못한다면 엄마가 입술을 잡아주어 붙여준다.
턱을 많이 내리고 있어서 못 붙이는지 확인 후 턱을 올려주어도 좋다.

2. 발성을 하다가 입을 다무는 소리

암, 압 중 1가지 소리를 내는 것을 목표로 한다.
암은 아~하다가 입술을 붙이고 코를 울리는 소리.
압은 아~하다가 입술을 붙이고 소리를 멈춘다. 이 두 가지 중 잘하는 것으로 연습한다.

3. 단어에서 양순음 말하기

ㅁ ㅂ ㅍ ㅃ 중 하나로 발음되면 됩니다. 예를 들어서 바지를 빠지라고 해도 됩니다.
하지만 입술소리가 아닌 다른 소리로 대치되면 안 됩니다(예: 바지→가지).
마 바 빠 파 네 소리를 조절하는 것은 더 어려울 수 있으니 우선 입술소리임을 인식하고
입술을 붙이는 것에 집중할 수 있게 해주세요.
무, 부, 뿌는 입술이 붙었다 떨어지는 것이 잘 보이지 않을 수 있어요.
모음을 길게 무~ 하지 말고 자음을 길게 내주세요. 입술이 붙는 것을 유지하여 **음~**
보여준 후 **무, 부, 뿌** 들려주세요.

첫 소리 양순음

빵 빵빵(자동차) 뿡(방귀) 뽀뽀 멍멍 삐뽀삐뽀 엄마 아빠 바지 뽀로로 붙여 불 배 뱀 바다 바퀴 뱉어 봐봐 물 부엉이 말 맘마 포도 포비 푸 풍선 빼 뽑아 빠져 뺏어 뿌려 뿔 피 파랑 매워 브이 발라 박수 미안 메롱

중간 소리 양순음

엄마 아빠 음매 거미 거북이 하마 개미 치마 뽑아 해봐 업어 입어 안봐 잡아 그만 까망 수박 나무 네모 가방 할미 할배 포비 티비 두부 예뻐 고구마 하지마 보지마 가지마

끝 소리 양순음

밥 뱀 입 삼(3) 땀 침 햄 김 밤 감 잠

* **감자, 참새** 같이 단어의 중간에 들어있는 받침은 어려워요.
받침을 연습하려면 이런 단어 말고
우선 1음절어의 맨 끝에 오는 받침부터 연습하면 됩니다.

양순음 이끌어주는 활동

빠빠이

아빠가 출근할 때, 다른 사람과 헤어질 때마다 **빠빠이** 인사하기를 해보세요. 발성과 입술모양을 함께 내지 못한다면 우선 입술을 붙였다 터뜨리는 것만이라도 모방하게 해주세요. 소리 안내고 **빠빠빠** 터뜨리는 것만요.
"**빠빠빠~~**" 입모양 보여주고 소리내서 들려주시고 아이에게는 빠빠 터뜨리는 것만 따라하게 해도 좋아요. 잘 하게 되면 발성도 같이 하게 해주시고요

방귀놀이

인형이나 피규어 등 가지고 놀며 방귀놀이를 해보세요. 양볼 가득 공기를 모았다가 **뿌**하고 터뜨려보세요. "뿡" ㅇ받침까지 하지 마시고 "**뿌**" 입술을 터뜨리는 소리를 강조해주세요. "멍멍이가~ **뿌~~~**" "야옹이가~~~~~ **뿌~~**"하고 즐겁게 놀이하면 아이도 깔깔거리며 따라할거예요.

일상에서 양순음 말하기

바지 입을 때마다 바지를 손에 들고 아이 얼굴 보며 강하게 "바"말해주세요. 아이가 따라할 수 있게요. **바**를 정확하게 모방하고 스스로 **바**를 말할 수 있으면 **바지** 2음절로 말하게 해주세요.
식사 때마다 밥을 주며 밥 따라하게 해보세요. **물, 빵, 배**도 실제 상황에서 연습해보세요

손인형놀이

손인형을 들고 입을 벌려 아 한 후 무언가를 먹여주고 암 입을 다물어보세요.
그리고 **페** 하며 뱉으세요
벌릴 때 **아**, 다물 때 **암**, 뱉을 때 **페**.
양순음 **암, 페** 연습할 수 있어요.

하지마 놀이

피규어나 인형으로 놀이를 하며 "하지~마." 크게 외쳐보세요.
아빠가 공룡인형을 가지고 와서 크아~하고 겁을 주면
엄마가 큰 소리로 **"하지~~~~~~ 마!"** 외치고 아빠는 도망갑니다.
이 때 하지/ 마 두 부분을 끊어주는 것이 좋습니다.
반복하여 아이가 '마' 부분을 크게 외칠 수 있게 유도해주세요.

팡팡 놀이

깜짝상자나 점핑하는 장난감을 이용해보세요.
팡~~~팡! 하며 튀어오르는 순간에 **팡**하고 강하게 외쳐주세요.

눌렀다가 튀어오르는 순간 팡팡!! 말하기

부엉이 놀이

소리나는 부엉이 장난감이 있어요. 부엉이를 끼울 때 **뿡** 소리가 나요.
기다렸다가 하나둘셋 **"뿡~엉"** 함께 외치며 부엉이를 끼워보세요.
부엉이 장난감이 아니라 다른 도형끼우기를 하며 **뿡~** 소리 내기 해도 좋아요.

인형 물주기

컵을 여러개 준비해서 인형마다 앞에 물을 놓아주세요.
"호랑이~물" "코끼리~~물" 하며 각 피규어나 인형마다 물을 주며 아이가 "물"을 말할 수 있게 해주세요.

촛불놀이

촛불을 켜주고 생일축하 놀이를 합니다.
촛불을 켤 때 **"하나, 둘, 셋, 불!"** 하고 강하게 외쳐주세요.
다시 불을 켤 때 아이가 **불**이라고 말할 수 있게 기다려보세요.

혀 앞쪽소리 (치조음) 나 다 따 타

1. 혀 내밀기

우선 **혀를 내밀 수 있어야 해요.**

메롱 해보라고 하면 살짝 움직이기만 하는 아이,

혀가 입술밖으로 나올듯 하다가 0.1초만에 쏙 들어가는 아이.

혀를 내밀고 유지하는 훈련이 선행되어야 해요.

거울을 보여주며 조금씩 조금씩 더 내밀고, 더 오래 유지하도록 해주세요.

2. 혀 내밀고 말소리 내기

혀를 내밀고 **에** 소리를 낼 수 있다면

난난나, 따따따, 타타타 중 1가지 소리를 내는 것을 목표로 해요.

혀를 내민 상태에서 발성을 하며 턱을 상하로 움직이면 돼요.

난난나, 따따따, 타타타..

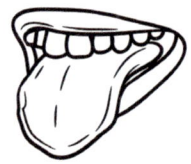

원래 이 소리들은 혀가 윗니 뒤에 닿는 소리예요. 입술밖으로 나오지 않아요.

하지만 혀가 나오지 않고 뒤쪽으로 가는 아이라면 엄마가 과도하게 혀를 내어서 보여주세요. 그래야 혀가 앞으로 움직인다는 인식이 생겨요.

혀를 많이 내어 연습하면 실제 말할 때 쏙 들어가지 않아요.

ㄷ, ㄸ, ㅌ 소리 중 혀가 보이지 않는 **노 도 또 토**는 상대적으로 어려운 소리.

나 다 따 타 내 대 때 태 부터 연습해봐요.

3. 단어에서 치조음 말하기

치조음 ㄴ, ㄷ, ㄸ, ㅌ는 첫소리만 연습해도 괜찮아요. 받침은 초기단계에서는 어려울 수 있어요. 우선 첫소리 위주로 이끌어주시고, 받침은 **안돼, 안녕, 앉아** 정도만 하셔도 괜찮아요. ㄴ, ㄷ, ㄸ, ㅌ 간에 서로 바뀌는 것은 괜찮습니다. 하지만 전혀 다른 소리로 바꾸어 말한다면 정확히 혀를 앞으로 낼 수 있게 다시 연습해주세요. 예를 들어 **나비**를 **따비나 다비**로 말하면 괜찮습니다. 하지만 나비를 **가비**라고 말한다면 '**나**' 1음절부터 다시 연습하세요

ㄴ ㄷ ㄸ ㅌ 소리를 시작하기 전에 이 사이로 살짝 혀를 내어
힌트를 주세요.,
나무 소리를 내려면 처음 시작 때 이렇게 혀를 살짝 물고 혀가 나
온다는 것을 보여주세요.
앉아를 말할 때에는 **아안~**하고 ㄴ받침을 길게 끌어주며 보기의
입모양처럼 하고 아이가 똑같이 만들 수 있게 해주세요.
안 소리를 정확히 낸 다음 그대로 턱을 내려줍니다. **"아안~~자"**

첫 소리 치조음
나 나비 나무 내가 넷 타 타요 때려 떼 딸기
땅 또 트럭 닭 뜯어 똥 뜨거 뚜껑 두개 따라
땡 토끼 통 때찌 땅콩 따르릉

중간 소리 치조음
바나나 하나 바다 뜯어 붙어 안돼 나도 안해(아내)
아니 안아 안녕 있다 없다 했다

치조음 이끌어주는 활동

네 대답하기
일상에서 아이가 대답해야 하는 상황에서
큰 소리로 네! 대답하도록 유도해주세요.
앞서 말씀드렸듯이 어 보다는 네가 훨씬 능동적인 조음운동이에요.
아이 이름 부르고 대답하지 않으면 엄마가 얼굴보며 크게 "네!" 모델링 해주세요
아마 하루에 대답할 일이 30번이상은 있을 거예요. 그 때마다 네를 잘 한다면
전반적인 말 능력에 긍정적인 영향을 줄 거예요.

누가 할거야? 나!
아이가 좋아하는 장난감, 간식을 줄 때 "누가 할거야?" 물어보세요.
엄마의 질문에 아빠랑 아이랑 서로 " 나!" "나!" 즐겁게 외쳐보세요.

다다다다 달리기
준비 ~ 시작! 하면 다다다다 소리내며 달리기 시합해요.
아이들은 역동적인 몸놀이를 정말 좋아하죠. 신나게 다다다다 따따따따 달려요!

나나, 따따 인형놀이
아이가 좋아하는 인형 이름을 나나와 따따로 지어주세요.
"나나야~ 따따야~" 하루에도 몇 번씩 불러보게 하고요.
인형이 몰래 물건을 가져가는 놀이도 해보세요.
"누가 가져갔어?" 하면 아이가 "나나!" 외치도록요.

떼 놀이
엄마랑 아이랑 살금살금 아빠 등에 스티커를 딱 붙여보세요.
아빠가 말해요. "떼~~!"
아이랑 깔깔깔 웃으며 또 붙여요.
이번에는 아빠가 엄마에게, 아이에게 붙여요.
아이가 "떼!" 말하겠지요.

따따따 어린음악대 노래
우리 어릴 때 불렀던 노래죠. 요즘은 아는 아이들이 많이 없어요.
따따따 따따따 주먹손으로 따따따 따따따 나팔붑니다.
치조음 연습에 너무 좋은 노래랍니다. 주먹손하고 함께 불러봐요.

땡! 종 치기
할리갈리 보드게임에 있는 종을 준비해요.
누가 먼저 종치나.. 하나 둘 셋하면 달려가서 땡 큰 소리로 말하며 종 쳐요.

떠떠떠 떨어진다
머리에 장난감을 올리고
짖궂은 놀이를 해요.
떠떠떠떠!!! 하다가

고개를 숙여 떨어뜨려요. 아이가 깔깔깔깔 웃어요.
다음 장난감을 올리고 아이를 보며 혀를 살짝 내면 아이가 말할 거예요. **"떠떠떠!"**

아뜨 아뜨!
엄마의 커피를 준비해요. 실제로 만지지는 말고 아이한테 "아뜨"라고 가르쳐주세요.
그리고 인형이나 피규어를 데려와서 "만지지마! 아뜨!" 해보세요.
다음 인형을 커피 근처로 데려가면 아이가 **"아뜨 아뜨!"** 할거예요.

혀 뒤쪽소리 (연구개음)　　가 까 카 앙

ㄱ, ㄲ, ㅋ, ㅇ 은 혀 뒤쪽과 뒤쪽 입천장이 함께 움직여서 내는 소리예요. 여기서 말하는 ㅇ은 오이할 때 ㅇ이 아니라 받침ㅇ이에요. 앞서 말씀드렸듯이 첫소리에 오는 ㅇ은 자리만 채우는 것이지 소리가 없어요. 연구개음은 ㄱ, ㄲ, ㅋ 그리고 받침으로 오는 ㅇ 소리입니다.
자연스럽게 연구개음을 내는 아이들도 있지만, 연구개음을 한번도 내 본적이 없는 아이에게는 유도하기가 참 어려워요. 연구개음이 너무 안된다면 다른 말소리를 먼저 이끌어주고 맨 마지막에 하는 것도 괜찮아요. 양순음이나 치조음처럼 움직임이 잘 보이지 않아서 어린 아이들에게 이끌어주기가 어려워요.

1. 어떻게 소리내는지 엄마가 직접 관찰해봐요.

엄마가 먼저 이 느낌을 알아야해요. 거울을 보고 입을 크게 벌려서 자신의 목 안을 관찰해보세요. 턱을 아래로 많이 내리고 아~악, 아~악 소리를 내면 목젖이 있는 부분이 올라가는 것이 보일거예요. 혀 앞쪽은 아래에 닿아서 움직이지 않고 뒷부분이 움직이지요.

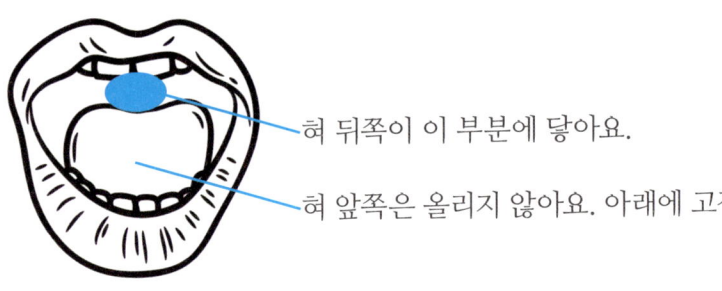

혀 뒤쪽이 이 부분에 닿아요.

혀 앞쪽은 올리지 않아요. 아래에 고정.

2. 조금이라도 연구개음에 가깝게 소리내기

가 까 카 소리를 내라고 하면 아 소리를 내는 아이가 있죠.
계속 시도하여 아 소리와 조금이라도 다르게 나면 칭찬해주세요.
아~악 또는 아~앙 소리를 따라하게 해보세요. 아하다가 조금이라도 뒤쪽이 움직이면 즉시 칭찬해줘요. **"그거야! 잘했어!"**
우연한 행동이지만 이렇게 즉시 피드백 주면 조금씩 그 느낌을 기억하고 목표하는 소리에 가깝게 내게 될 거예요. 가글 소리처럼 **카**~~ 연습하거나 **코**~코고는 소리도 좋아요.

3. 음절소리 내기

혀 뒤쪽과 연구개를 적절하게 움직일 수 있게 되면 말소리로 이끌어주세요.

앙, 악, 가, 까, 카, 아까, 아카, 아가, 쿠, 코, 웅가 뭐든 좋아요.

연구개음은 아이들마다 먼저 시작하는 말소리가 달라요. 아이가 맨 먼저 낼 수 있는 그 소리를 자꾸 내게 유도해보세요.

혀 앞쪽을 올리려 하면 턱이 올라가지 않게 잡아주세요.

4. 단어에서 연구개음 말하기

한 음절로 잘 말할 수 있게 되면 다양한 단어에서 연구개음을 낼 수 있게 해주세요.

첫 소리 연구개음

가 가방 커 컵 코 쿵 꼬꼬 까까 칼 기차 고구마 고기 그려 그만 거미 쿠키 끼끼(원숭이) 케이크 카드 카트 개미 거북 구급차 9 감 공 공부 크다

중간 소리 연구개음

아가 아기 악어 고구마 고기 구급차 먹어 찍어 작아 안가(앙가) 친구(칭구) 안경(앙경)

끝 소리 연구개음

수박 빵 공 통 쿵

연구개음 이끌어주는 활동

악어 가!
악어인형이나 뱀 인형 등을 아이에게 가져가요. **살금~살금~ 쉿~~!**
아이의 주의를 끈 다음 **크아~!** 소리내요.
아이가 무서워하면 아이 손으로 밀며 "가"하고 크게 말해요
가를 말할 때는 입을 크게 벌리고 있다가 순간적으로 세게 발음해야 해요
(카에 가깝게 세게 발음해요).
아이가 악어나 뱀 등을 무서워하지 않는다면, 아이가 혼자 놀이를 하고 있을 때 뱀 인형을 가져가 방해해봐요. 예를 들어 아이가 쌓고 있는 블럭조각을 뱀이 가져가는 흉내를 내고 엄마가 뱀에게 **가!**하고 소리치세요.
사실 이 활동은 엄마, 아이, 그리고 제 3자가 있어야 훨씬 재미있어요.
아이랑 엄마가 과자를 먹으려고 할 때 아빠가 살금살금 와서 가져가려고 하면
"가!"하고 크게 외쳐보세요. 반복할수록 아이가 깔깔깔 웃으며 큰 소리로 말해요.

과자를 뺏어 먹으러 온 아빠에게 가 외치기

코 자

아이가 좋아하는 인형이 자는 흉내를 내요. **코~~**하고 코고는 소리를 내며 자는 흉내를
내다가 **일어나~~~**하고 인형을 깨워요. 다시 **코~~**하고 인형을 재워요.
반복하다보면 아이가 **코~~** 말할 수 있어요.
인형에 관심이 없다면 엄마나 아빠가 자는 흉내를 내도 좋아요.
또 여러 인형들을 차례차례 재우는 놀이도 좋아요.

크롱 부르기

크롱을 숨겨놓고 **크롱~ 크롱~ 크크크크롱~**
발성을 부드럽게 하지 않고, 거칠게 무성음으로 내는 것이 좋아요.
공룡을 좋아하는 아이라면 공룡을 찾으며 **크아** 하고 소리내도 좋아요.

껍질 까

마이쮸나 봉지에 포장된 간식을 뜯어달라고 내밀면 **까**를 유도해요.
이 때 목에 뭐가 걸린 듯한 **억**하는 느낌으로 **까**를 강조해서 모델링해요.
아이가 **까** 소리를 잘 따라하지 못하면 먼저 입을 크게 벌려서 보여주고
그 상태에서 **까** 소리를 내요.

꼬꼬! 소리나는 닭

꼬꼬~하고 우스꽝스러운 소리를 내는 닭 장난감이 있어요.
알까닭이라는 보드게임에도 들어있고, 다이소에서도 판매해요.
먼저 **꼬꼬** 소리를 들려주어 아이의 관심을 끈 다음,
아이가 **꼬꼬~** 크게 외치면 닭을 울리고,
또 **꼬꼬** 하면 닭을 울려보세요.

마찰소리 내기   시 지 찌 치

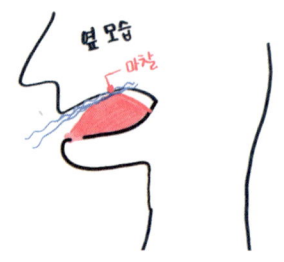

1. 혀 내밀기
마찰음을 가르쳐주기 이전에
혀 내밀기와 치조음(나 다 따 타)내기를 먼저 연습하는 것이 좋습니다. 시 지 찌 치 발음은
혀가 뒤로 가면 내지 못하는 소리입니다. 치조음 나다따타보다는 조금 뒤쪽 소리지만 그래도 혀를 앞쪽으로 움직여야 나는 소리이므로, 치조음을 전혀 내지 못한다면
혀내기와 나다따타 먼저 이끌어주세요.

2. 기류 내기
마찰음을 아이가 따라하려면 들려주고 공기가 피부에 닿게 하여 느끼게 해줘야 해요.
아이에게 "**너 마찰을 해서 기류를 만들어야지**"라고 할 순 없잖아요.
스으~ 쉬~ 치~ 마찰되는 거친 소리를 길게 유지하며 들려주세요.
아이가 기류를 피부로 느낄 수 있도록 손등에 불어 주어도 좋아요.
아이가 턱을 내리고 말한다면 턱을 올려주세요.
턱을 올려서 공간을 좁혀주어야 혀와 입천장 사이에서 마찰소리가 나요.
아이에게 쉬, 치 소리 들려줄 때 발성없이 그냥 바람소리만 내세요.
쉬이~하고 모음까지 내면 따라하기 어려워요.

3. 단어에서 마찰음 말하기

시는 ㅅ이 들어가는 말소리지만, 다른 ㅅ소리와는 조음위치가 달라요. 시와 사는 다른 곳에서 발음이 되는 소리라고만 알아두시면 됩니다. 시를 할 수 있다고 해서 사, 새, 소를 할 수 있는 건 아니에요. 어린 아이들이 처음에 시, 지, 찌, 치를 발음하고 사, 자, 차, 짜는 한참 후에 발음할 수 있어요. ㅅ, ㅈ, ㅉ, ㅊ가 들어가는 단어를 따라하게 하면 어려우니 시, 지, 찌, 치. 모음 ㅣ가 들어가는 말소리만 이끌어주세요. ㅣ 모음앞에서 잘 되면 **스, 쓰, 쯔, 츠**로 시도해보셔도 됩니다.

마찰음 시 지 찌 치

쉿   쉬   치카   치즈   칙칙폭폭   칙칙(뿌리는 소리)   에취

스(뱀 소리)   찍찍   쯧쯧

지지   바지   있지   했지   찢어

콧소리내기 (비음)

지금까지 모음과 자음의 조음위치에 대해 다루었어요.
이번에는 조음의 위치가 아니라 기류가 어디로 나가는 지에 대한 이야기를 하려해요.

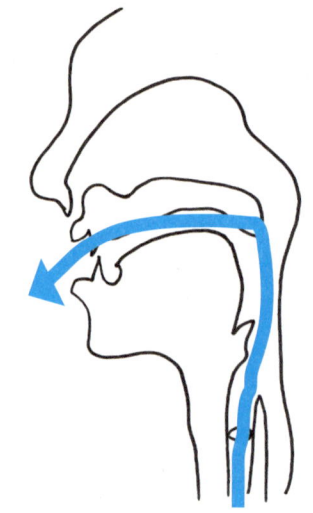 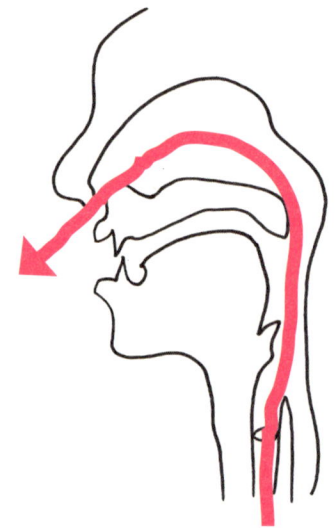

구강음: 공기가 입으로 나간다   비음: 공기가 코로 나간다

ㄴ, ㅁ, ㅇ 이 세 가지 자음은 비음이라고 해요.
코에서 울림이 생기고 코로 공기가 나가요.
"아까 ㅁ은 입술소리라고 했잖아요."
네 맞아요. ㅁ은 입술소리이면서 비음이에요. 어렵죠?
ㅁ과 ㅂ의 차이를 알려드리면 쉽게 이해할 수 있을 거예요.
암하고 길게 소리를 울려보세요. 입술을 다물고 있지만 소리가 계속 나죠.
코쪽이 울리면서 공기가 코로 나가는 것을 느낄 수 있을거예요. 물론 입김을 '후' 부는 것처럼 공기가 많이 나가지는 않지만 미세한 기류가 나가요.
그러면 압하고 길게 유지해보세요. 소리가 안 나고 바로 멈추죠.
ㅁ은 비음이라서 코로 계속 울림이 일어나지만, ㅂ은 파열음 즉 터뜨리는 소리라서 순간적인 소리만 나고 계속 울리지 않아요.

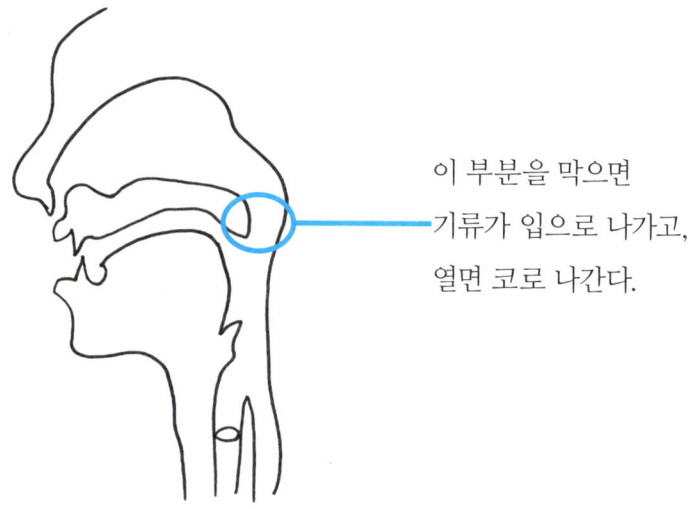

이 부분을 막으면
기류가 입으로 나가고,
열면 코로 나간다.

위 그림의 표시된 부분이 좁아지며 막히는 것을 연인두폐쇄라고 해요.
연인두폐쇄가 일어나면 콧길이 막히고 입으로 기류가 나가요.
연인두폐쇄가 잘 안 되면 콧소리가 나요.
연인두폐쇄가 미숙한 아이들은 비음과 구강음 구분이 잘 안될 수 있어요.

음~하고 오래 유지해야하는데 읍 막힌 소리가 난다면 이런 조절을 잘 못하는 거예요.
그럼 이런 조절을 왜 해야하냐구요?

엄마를 불러야 하는데 아빠라고 부르거나, 아빠를 불러야하는데 엄마라고 하는 경우가 생기는 거예요.
우선 모음도 낼 수 있고 입술도 붙였다 터뜨리는 것도 잘 했어요.
하지만 콧길을 열고 막고를 잘 못하면 다른 말소리가 나서 명료한 표현을 할 수 없지요.
비음을 내지 못하면 소리가 다음과 같이 나요.

마->바   나->다   앙->악

음매->으빼   아니->아디   빵->빡

그러면 비음은 어떻게 훈련해야할까요?

가장 쉬운 비음은 음 소리 내는 것이에요.
입술을 닫고 **음-** 소리내는 것을 따라하도록 해요. 비음을 못 낸다면 아무 소리도 나지 않을 거예요. 아이는 엄마처럼 소리를 내려고 시도해볼 거예요.
처음에는 입술을 다물고 코로 공기라도 내뿜도록 하세요. **흠, 흠.**
입 다물고 코로 공기를 내보내는 것을 잘 하게 되면 점점 ㅁ 울림을 강조해주세요.
조금이라도 울리면 칭찬해주세요! 바로 그거야!

음 소리를 낼 수 있게 되면 좀 더 길게 낼 수 있게 활동해보세요.
스케치북에 색연필로 줄을 길게 그으며 **음~** 소리내기를 하거나
음~~음~~ 허밍하며 운율도 넣어보세요.

> **조음위치를 먼저 확립**한 후에 비음/파열음 구분이 생기도록 이끌어주세요.
> 예를 들어 엄마를 어빠라고 한다면 ㅃ의 조음위치(입술)는 잘 맞추었으니
> 비음모로 낼 수 있도록 훈련하면 됩니다. 그러나 엄마를 **어까**라고 한다면
> **어빠**라고 해도 좋으니 비음보다는 입술소리를 내는 데에 먼저 초점을 맞춰주세요.

말 시작하는 아이에게 먼저 이끌어주어야 할 말소리에 대해 설명해드렸어요.
양순음, 치조음, 연구개음, 비음.. 어휴. 복잡하고 어렵죠.
다음 페이지에서 예시를 통해 연습해보면 쉬워질거예요. 화이팅!

말늦은아이 발음 이끌어주는 팁

1. 맨 첫소리부터 순서대로 발음을 이끌어준다. 받침은 생략해도 된다.
바지: ㅂ ㅏ ㅈ ㅣ 맨 첫소리는 ㅂ 이므로 입술을 붙이는 동작부터 시작한다.
　　　　　　　　　　ㅂ-> 바-> 바지
업어: ㅓ ㅂ ㅓ 맨 첫소리는 ㅓ 이므로 어~ 발성부터 시작한다.
　　　　　　　　　　어-> 업-> 어버
이불: ㅣ ㅂ ㅜ ㄹ 맨 첫소리는 ㅣ 이므로 이~발성부터 시작한다.
　　　　　　　　　　이-> 입-> 이불

2. 자음을 강조하여 들려준다.
바지를 아지라고 한다면 **빠빠빠 빠지**
나무를 아우라고 한다면 **난난나**-> 나우-> **남무**->나무 순서로

3. 모음을 너무 짧게 말하는 아이는 턱 운동과 발성을 강조한다.
엄마를 음므라고 한다면 **어엄마아**
악어를 으그라고 한다면 **아아거어**
가방을 그븡이라고 한다면 **가아바앙**

4. 조음위치가 같은 발음은 우선 허용해준다.
바지를 **마지, 파지, 빠지**라고 해도 허용
네모를 **때모, 네보**라고 해도 허용
수박을 **추바, 쑤바, 수마**라고 해도 허용

5. ㅅㅆㅈㅉㅊㄹ는 쉬운 발음으로 바꾸어 말해도 된다.

자전거를 **다덩거**로 해도 허용

소방차를 **토바타**로 해도 허용

사과를 **타가**로 해도 허용

6. 이중모음은 단순화해도 된다.

돼지를 **대지**라고 해도 허용

사과를 **사가**라고 해도 허용

가위를 **가이**라고 해도 허용

**이렇게 단순화한 발음으로 유창하게 말하게 되면
그 다음에 표준발음을 목표로 한다**

탁트임 기초발음카드에 각 낱말의 발음을 이끌어주는 팁이 구체적으로 나와있어요. 오류유형별로 맞춤 솔루션이 나와 있으니 앞 페이지의 팁만으로 적용하기 어렵다면 카드의 맞춤 솔루션을 이용해보세요.

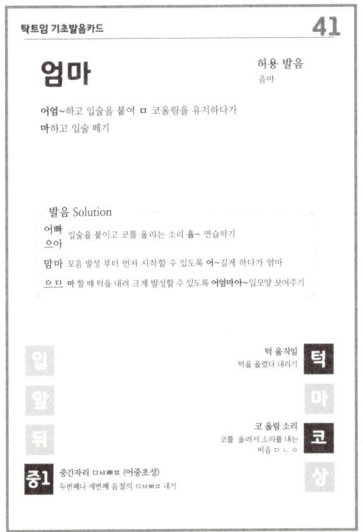

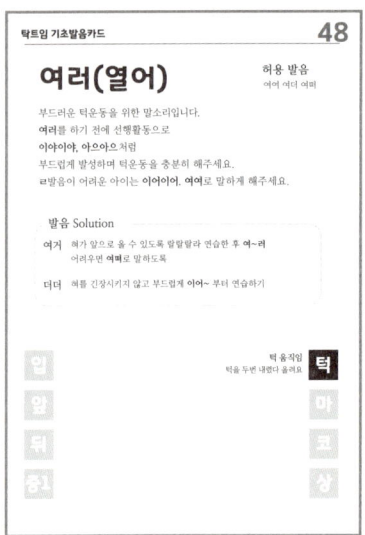

우리 아이 발음 체크하기

표준발음으로 정확히 하는 것

단순화한 발음으로 말하여 알아들을 수 있는 것

전혀 발음하지 못하는 것

5 인지적 확장

이제 단어로 원하는 것을 표현하고
눈 앞에 보이는 것을 말할 수 있어요.
아주 기초적인 의사소통은 가능하지만
좀 더 의사소통이 잘 이루어지려면
인지적 확장이 필요해요.
보다 구체적으로 표현하고
눈 앞에 보이지 않는 것도 떠올리고 표현할 수 있도록
이끌어줘요.

수용언어, 화용언어 체크하기

이제 아이가 단어로 말하게 되었나요?
다음 목표로 넘어가기 전에 잠깐 다음 세가지 영역에 대해 체크해봐요.
의사소통, 인지, 말소리 세 영역이라고 했던 것을 언어영역으로 한정지어보면
화용언어, 수용언어, 표현언어라고도 할 수 있어요.
다른 영역의 발달이 또래와 비슷한데 표현언어만 늦으면 말늦은아이(late talker, 레이트 토커)라고 해요. 이 레이트토커는 가정에서 언어촉진을 하며 기다려보아도 되지만, 화용언어나 수용언어영역이 늦다면 전문가상담을 꼭 받아보셔야해요.
간단한 지시를 통해 수용언어와 화용언어능력을 체크하는 예시를 보여드릴게요.

엄마가 자석스티커를 주고 "냉장고에 붙여"라고 지시했어요.
아이가 냉장고에 붙이고 왔네요. 아이가 말을 잘 알아들었을까요?

말을 알아들었을 수도 있고 말귀를 알아들었을 수도 있어요. Ⓐ는 '냉장고에 붙이다'라는 말을 정확히 알아듣고 붙인 경우이고 Ⓑ는 무슨 말인지 알아듣지는 못했지만, 엄마가 자석을 주니 평소대로 냉장고에 가서 붙이고 온 거예요.
즉 Ⓐ는 말을 알아 들은 경우, Ⓑ는 말귀를 알아들은 경우죠.
이 상황으로는 수용언어능력은 정확히 알 수 없어요.

그럼 수용언어능력, 말을 이해하고 있는지 어떻게 알아볼 수 있을까요?
다음과 같이 **말의 의미를 이해해야 수행할 수 있는 것**을 시켜보세요.

쓰레기통에 버리고 옴

쓰레기통이라는 말은 알아들었지만,
'**붙여**'라는 말은 제대로 듣지 못했어요.
말을 끝까지 못 들었을 수도 있고, '**붙이다**'라는 말을 이해하지 못했을 수도 있어요.
붙이다라는 말을 알고 있는지 다음과 같이 확인해볼 수 있어요.

여러가지 행동을 나타내는 그림 중에 붙이는 것을 찾아보게 하세요.
만약 붙이다 라는 말의 의미를 알고 있는데도 지시수행에서는 잘 안되나요?
말의 길이가 길 때, 끝까지 주의를 기울여서 듣거나 긴 말소리를 기억하여 처리하는 것이 어려울 수 있어요. 이러한 듣기 이해, 듣기 주의력, 기억력 모두 수용언어능력이며 인지능력이기도 합니다.

질문에 적절히 대답하는 능력도 수용언어능력이 바탕이 되어야하지요.

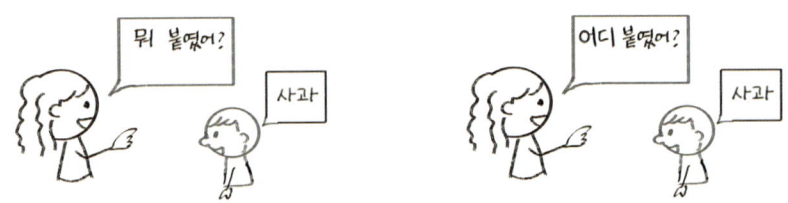

질문에 적절히 대답하는 능력도 수용언어능력이 바탕이 되어야하지요.
이 경우는 무엇과 어디의 뜻을 아직 이해하지 못하네요.

하지만 말의 의미를 몰라도 눈치껏 자신이 틀렸다는 것을 알아채고 수정해요.
이것이 화용언어능력이에요.

말의 뜻을 이해하고, 상대의 의도를 이해하고, 자신의 메시지를 전달하려는 의도가 있어야 말을 하겠지요. 수용언어, 화용언어가 바탕이 되어 있어야 표현언어도 발달합니다. 그런데 수용언어, 화용언어능력은 말소리처럼 겉으로 드러나지 않으니 파악하기 어렵지요.

다음의 경우를 생각해봐요.

냉장고에 붙이라는 엄마의 지시를 그대로 따라말했어요. 말의 의도를 모르는 거죠. 말의 뜻을 이해하는 것은 수용언어능력, 의도를 아는 것은 화용언어능력이에요. 말의 뜻을 몰라도 '아 우리 엄마가 뭘 시키는구나'라는 것을 알아야하는데 그 의도를 이해하지 못한다면 화용언어능력이 부족한거에요.
청지각발달이 늦어서 말소리 이해가 늦는 경우가 있어요. 말소리의 미세한 차이를 잘 구분하여 듣지 못하지요. 곰과 공을 구분하여 못 듣는다거나 가지를 바지로 들을 수도 있어요. 하지만 제대로 듣지 못해도 상대방의 말투와 표정, 상황으로 눈치껏 의도를 이해하는 능력은 중요해요. 말을 따라서만 말하거나 반응이 없다면 바로 병원이나 아동발달센터로 가서 전문가상담을 받아보시기 바랍니다.

수용언어 체크
- 말소리 듣고 가져오기
  숟가락 가져와/ 컵 가져와/ 색연필 가져와
- 말소리 듣고 지적하기
  엄마 어딨어, 아빠 어딨어, 멍멍이 어딨어
- 질문에 제스처로 예스노 대답
  의도: 밥 먹을거야? 기차놀이 할거야?
  사실: 이거 기차야?

화용언어 체크
상대의 말에 **반응하기**
- 지시를 수행하기
- 지시를 거부하기
  "안해!"
- 질문에 대답하기
  뭐야? 기자 / 누구야? 아빠/ 양말 벗을래? 네 /
- 호명에 반응하기
  뿃뿃아~ 네

*탁트임 유튜브채널에서 말늦은아이 수용언어 표현언어 화용언어에 대해 더 자세히 알아볼 수 있어요.

어휘 확장

아이가 단어로 표현하기 시작했어요.
더 많은 단어를 배워서 소통이 잘 되었으면 좋겠지요.
그런데 뭘 가르쳐줘야 할 지 모르겠어요.

1. 아이의 말을 관찰해보세요.
말로 표현해야 될 상황에서 표현하지 못하고 있는 말을 찾아내세요.
밥 먹을 때 소시지를 더 달라고 말하지 않고 '이거'라고 말한다면 목록에 추가하세요.
장난감 완구를 조립하면서 끼워달라고 말하지 않고 '어어'하고 내민다면 '끼워'를 목록에 추가하세요.

2. 동사를 많이 알려주세요.
해 줘, 도와 줘로 표현했던 것을 구체적인 동사로 표현하게 해주세요.
끼워, 치워, 붙여, 말려, 닦아, 잡아, 떼..
부정표현을 쓸 때에도 싫어 대신 안을 붙여서 안 먹어, 안 가, 안 해, 안 봐.. 로 이끌어주세요.
엄마가 그 동안 사용하지 않았던 동사를 들려주고 따라하게 하세요.
예를 들면 식사준비를 할 때 오이 씻어, 껍질 벗겨, 오이 썰어, 접시에 담아, 쌈장에 찍어 등으로 새로운 동사를 포함하여 들려줄 수 있어요.

3. 구글이나 네이버 검색을 이용하여 다양한 이미지를 보여주세요.
케이크라고 검색하면 다양한 케이크 이미지가 나와요. 곁에서 본 모습도 있고 단면도 있고 장식도 다양해요. 익숙한 대상이라도 이렇게 다양한 측면을 보여주시면 대상의 속성에 대해 더 잘 알게 되고, 수식하는 말도 배울 수 있어요. 딸기 케이크, 초코케이크, 당근 케이크, 조각케익, 네모케익..
중장비를 좋아하는 아이라면 공사장을 검색해보세요. 포크레인이나 크레인, 덤프트럭이 이런 곳에서 쓰인다는 것을 알려주세요.
마트를 검색하면 다양한 마트 사진이 나와요. 어떤 것을 팔고, 어떤 행동을 하는지 보여주고 들려주세요.

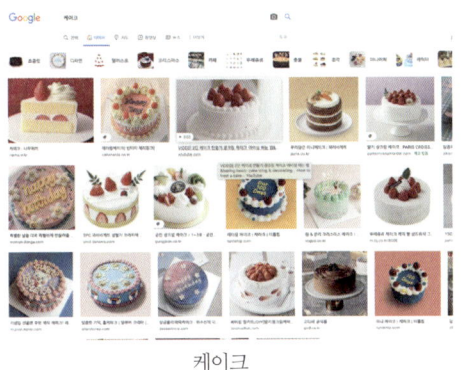
케이크

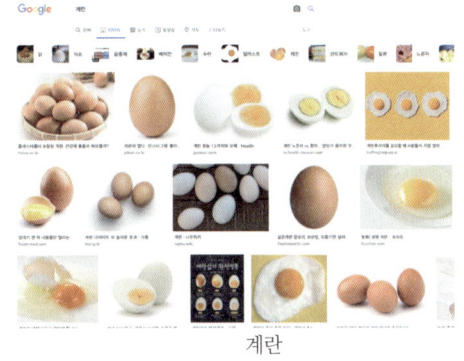
계란

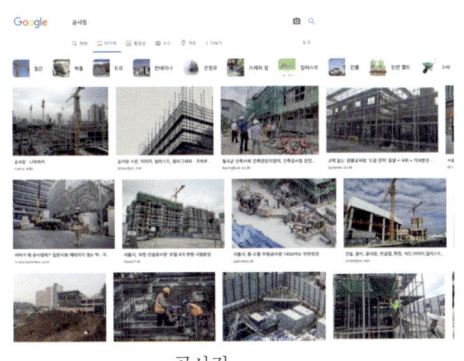
공사장

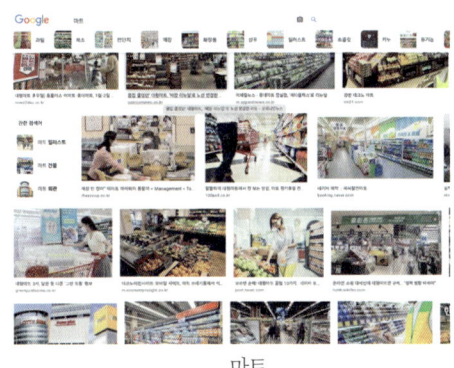
마트

4. 장소이름을 알려주세요.

아이가 평소에 가는 곳 사진을 찍어주세요. 빵가게, 마트, 미용실, 어린이집, 놀이터, 바다, 편의점, 식당.. 사진과 함께 장소 이름을 알려주세요. 장소 이름과 함께 그곳에서 사람들이 하는 행동을 알려주셔도 좋아요.

놀이터 이름도 다양하게 지어주세요. 한 군데 놀이터만 가는 것이 아니니 토끼놀이터, 노란놀이터 등 그 놀이터만의 특징을 표현한 이름을 지어주세요.

5. 인물이름을 알려주세요.

엄마, 아빠, 할머니, 할아버지, 동생, 누나, 형, 언니 등 함께 사는 가족의 호칭만 알고 있다면 다른 사람들의 이름이나 호칭을 알려주세요. 어린이집 친구들, 선생님들..

예스 노 대답의 확장

앞서 아이의 의도를 묻는 질문에 네. 아니오로 대답하는 방법을 알려드렸어요
"초코 줄까?"에 예/아니오로 대답을 잘 한다면 다음을 이끌어주세요.
사실적 정보에 관한 질문에 예스노 대답을 하는 거예요.

이 활동은 아이의 인지발달단계에 따라 어려울 수도 있습니다.
잘 안된다면 억지로 반복하기보다는 다른 발달이 좀 더 이루어진 다음에 하시는 것이 좋습니다.

사실적 정보에 관한 질문은 다음과 같습니다.

(사물을 제시하며) 컵이야?

(그림을 가리키며) 빨간색이야? 모자 쓰고 있어? 울고 있어?

(실제 대상이나 인물에서) 엄마 잠바 입었어? 아빠 안경 썼어? 아빠 밥먹고 있어?

(보이지 않는 상황) 아빠 화장실에 있어?

(보이지 않는 과거 경험) 할머니가 사주신거야? 에버랜드 이모랑 갔어?

이러한 질문들은 단어와 문장을 이해해야하고 보이는 그림과 상황을 이해해야 답할 수 있는 것입니다. 아이의 현재 수준을 체크하고 점점 난이도를 높여주세요.

만약 "컵이야?" 물었을 때 "컵이야."라고 대답한다면 "네" 대답을 따라하게 해주세요.

말을 듣고 잘 이해하는데 말소리를 못 만들어내는 아이라면 이러한 예스노 질문의 수준을 점점 높여서 진행하는 것이 필요합니다. 하지만 현재 말 듣고 이해하기, 대상을 보고 인지하기 등이 잘 되지 않는 경우에는 외우기 식으로 진행하지 않는 것이 좋습니다.

이 중 가장 기초적인 질문인 **대상을 보여주고 이름이 맞는지 대답하는 방법**만 소개해드릴게요. 탁트임 유튜브 영상 예스노를 가르치는 방법 참고
(그림을 보면 무엇인지 알고, 말할 수 있는 경우, 또 착석과 주의집중이 가능한 경우에 이 활동을 할 수 있어요)

눈 앞에 보이지 않는 것도 말하기

"우리 아이는 요플레를 좋아하는데 눈 앞에 보일 때만 요푸라고 말해요."
"타요 장난감을 좋아하는데 없어져도 찾질 않아요."

눈앞에 보이지 않는 것을 말한 적이 없다면 다음과 같이 이끌어주세요.
먼저 눈 앞에 보이면 100% 스스로 말하는 어휘를 목표로 잡아야 해요.

1. 반복해서 간식 주기
아이와 엄마가 함께 있고 아빠는 밖에서 아이가 좋아하는 간식을 준비해요.
엄마: 빼빼로 줘~
아빠는 즉시 문을 열고 들어와 엄마에게 빼빼로를 줘요.
3회 정도 반복하면 아이도 "빼빼로 줘"를 말할 수 있게 될 거예요.

다음날 다시 이 상황을 만들어서 엄마의 모델링 대신 빼빼로 껍질만 보여줘요.
아이가 밖에 있는 아빠에게 "빼빼로 줘"라고 말하면 아빠가 바로 주는 거예요.

그 다음번에는 모델링이나 이미지 힌트가 없이 스스로 말하는 지 봐요.
스스로 말하지 못한다면 다시 힌트나 모델링을 한 번 제공합니다.

2. 장난감 숨기기
아이가 놀이하는 도중 장난감을 살짝 숨겨보세요. 예를 들어 동물놀이를 하던 중 아이가 좋아하는 고릴라를 아빠가 살짝 숨겨요. 엄마가 능청스럽게 아빠에게 물어봐요.
엄마: 고릴라 없네. 고릴라 어디있어?
아빠는 즉시 고릴라를 찾아줍니다.
몇 분 뒤 고릴라를 또 살짝 숨깁니다. 엄마는 다시 물어보고 아빠가 찾아줍니다.
이 모델링을 통해 아이는 없어진 물건을 찾아달라고 말하는 행동을 배우게 됩니다.
단, 아이가 짜증을 낸다면 중단하세요.

3. 세트로 구성된 것 빠뜨리기

아이의 장난감 중 세트로 구성된 것이 있다면, 그리고 그 구성품을 잘 알고 말할 수 있다면 이렇게 시도해보세요.

예를 들어 뽀로로, 루피, 에디, 크롱, 포비가 세트 구성이에요.

앞의 예처럼 아빠가 문 밖에 에디와 크롱을 가지고 있어요.

아이는 뽀로로, 루피, 포비만 있는 것을 보고 나머지 두 피규어를 찾으려고 할 거에요.

바로 말하지 못한다면 모델링이나 이미지 힌트, 첫소리 힌트 등 주어도 좋아요.

의도적으로 이런 상황을 많이 만들어 줄수록 이미지가 없이 그 이름을 떠올리는 능력이 발달합니다.

두 단어 연결하기

아이가 단어와 단어를 연결하게 도와주세요.
말 배우는 아이들이 연결하기 쉬운 유형은 어떤 것이 있을까요?
구어체로 실제 사용할 수 있는 말 위주로 작성했습니다.(ex 내 거→ 내 꺼)

1. 사과 먹어 ~를 ~하다 유형이에요.
사과 먹어, 오이 먹어, 빵 먹어, 밥 먹어…
엄마 잡아, 아빠 잡아, 토끼 잡아, 멍멍 잡아…
블록 치워, 종이 치워, 손 치워, 그릇 치워…
노래 들어, 아기상어 들어, 곰세마리 들어, 악어떼 들어… (또는 틀어)
인형 갖다놔, 잠바 갖다놔, 컵 갖다놔,
물 줘, 밥 줘, 마이쮸 줘, 젤리 줘, 포도 줘, 초코 줘…
뚜껑 열어, 문 열어..
뚜껑 닫아, 문 닫아..
기린 그려, 고양이 그려, 악어 그려, 뱀 그려..
이름 써, 1 써, 2 써, A 써, B 써.. (글씨 쓰는 상황)
주스 마셔, 물 마셔, 커피 마셔..
주스 따라, 물 따라, 커피 따라..
책상 닦아, 의자 닦아, 바닥 닦아, 컵 닦아…
컵 씻어, 숟가락 씻어, 손 씻어..
책 봐, 티비 봐, 폰 봐, 유튜브 봐, 뽀로로 봐, 타요 봐..

2. 엄마 와 누가 ~하다 유형이에요.
엄마 와, 아빠 와, 할머니 와, 아기 와..
엄마 가, 아빠 가, 악어 가, 뱀 가..
엄마 먹어, 아빠 먹어, 할머니 먹어, 나 먹어..
엄마 코자, 아빠 코자, 야옹이 코자..

엄마 일어나, 아빠 일어나, 멍멍 일어나, 곰 일어나..
엄마 노래해, 아빠 노래해, 할머니 노래해..
엄마 씻어, 아빠 씻어, 형아 씻어..

> *누가 ~하다의 유형은 그림책이나 동영상을 볼 때 많이 쓸 수 있어요.
> 뽀로로 넘어졌어, 루피 요리해, 타요 출발, 멍멍 코자, 형아 쉬해 등 함께 보고 있는 것
> 에 대해 표현하게 도와주세요.

3. 멍멍이 없다 누가 있다/없다 유형이에요.

아빠 있다(있어)/ 아빠 없다(없어)

뽀로로 있다/ 없다

> * 찾는 물건이 없는 상황에서, 또 가족들을 방마다 찾으러 다니는 상황에서 쓸 수도
> 있고, 장난감을 숨기는 놀이에서 쓸 수도 있어요.

4. 내 꺼(거) 소유자와 소유물을 연결하는 유형이에요. 아직 소유대명사를 쓰지 않는 아이라면 자신의 이름을 넣어서 쓸 수 있게 해주세요.

철수(아이이름) 꺼, 내 꺼, 엄마 꺼, 아빠 꺼..
내 신발, 엄마 신발, 아빠 신발, 할머니 신발..
내 밥, 엄마 밥, 아빠 밥..
엄마 코, 아빠 코, 멍멍이 코..
내 잠바, 엄마 잠바, 동생 잠바...

5. 가위 잘라 ~(도구)로 ~하다 유형이에요.

가위 잘라, 칼 잘라..
색연필 그려, 연필 그려, 크레파스 그려..
노랑 색칠해, 파랑 색칠해, 까망 색칠해..
포크 먹어, 숟가락 먹어, 젓가락 먹어..

6. 마트 가 장소(~에)+ 서술어 유형입니다.

마트 가, 놀이터 가, 가게 가, 어린이집 가, 할머니집 가..
화장실 있어, 베란다 있어, 방 있어..

7. 조사 붙이기

*조사도 하나의 단어입니다. 내가 할래, 엄마한테 줘.는 두 단어라고 생각하기 쉽지만 세 단어 문장이에요. 한 단어씩 말하던 아이라면 조사를 붙여서 세 단어로 쓰게 하지 마시고 처음에는 두 단어로 시작하세요.
*목적격조사 를은 구어체에서 거의 쓰이지 않아요. 나중에 책을 읽으며 자연스럽게 배울 수 있게 미루어도 괜찮아요.

내가, 엄마가, 아빠가, 할머니가, 멍멍이가, 곰이..
나한테, 엄마한테, 아빠한테, 동생한테..
가위로, 칼로, 숟가락으로, 노란색으로..
마트에, 화장실에, 방에, 베란다에..

8. 종결어미 붙이기

사과야, 배야, 키위야, 멍멍이야, 비행기야..

9. 수식하는 말 붙이기

노란 공, 빨간 공, 파란 공, 하얀 공..
큰 멍멍, 작은 멍멍, 큰 컵, 작은 컵..
엄마 코끼리, 아빠 코끼리, 엄마 악어, 아빠 악어..

10. 부정, 금지하는 말

안 먹어, 안 자, 안 가, 안 해, 안 잡아, 안 타..
먹지 마, 잡지 마, 물지 마, 가져가지 마, 가지 마, 오지 마..

두 단어 연결하기 체크

❺ 인지적 확장

이미 잘 표현한다   아이 스스로 표현하도록 기회를 많이 주기

힌트 주어 말할 수 있도록
언젠가 스스로 말한 적 있다   한 자리에서 같은 유형 5회 이상 반복하여 숙달되도록

한 번도 쓴 적이 없다   들려주고 따라하도록

의문문에 대답하기

의문문에 대답하기의 기초는 "뭐야?" "어디있어?"에 대답하기입니다. 사실 이 두 가지 질문에 답하는 것은 의문사의 의미를 이해하지 않아도 가능합니다. 사과를 가리키며 "뭐야?"라고 한다면 말의 의미를 몰라도 눈앞에 보이는 대상의 이름을 말할 수 있어요. "뽀로로 어디있어?" 질문에도 '어디'를 생각하지 않아도 뽀로로라는 이름만 듣고 찾을 수 있지요. 이 두 가지 질문에 대답하는 것을 잘하게 된다면 보다 발전된 질문에 대답하는 것을 이끌어주세요.

우선 아이의 문장능력을 키워줘야 해요.

왼쪽 사진을 보고 아이 스스로 "빵에 케찹 뿌려"라고 말할 수 있어야 다음 질문을 할 수 있어요.
- 어디에 뿌려?
- 뭘 뿌려?
- 케첩을 어떻게 했어?

아이의 머리속에 문장의 구성요소에 대한 개념이 없는데 의문문과 대답을 반복하여 외우게 하는 것은 좋지 않아요. 상대의 말을 이해하려 하지 않고 외워서 따라하기만 하는 습관이 생길 수 있어요. 반향어가 많은 아이라면 특히 아이의 수준을 잘 체크해야 합니다. 이해하지 못하는 말을 너무 많이 들려주고 따라하게 하면 효율적인 학습이 이루어지지 않아요.

누가가 포함된 질문에 대답하려면 우선 인물이 포함된 문장을 스스로 말할 수 있어야 합니다. 형아가 밥 먹어, 아저씨가 책 봐, 아기가 울어.
어디가 포함된 질문에 대답하려면 장소이름을 많이 알고, 장소가 포함된 문장을 스스로 말할 수 있어야 합니다. 아줌마 마트 갔어, 친구 수영장 갔어.

1. 뭐 넣었어?
2. 어디 넣었어?
3. 신발 어떻게 했어?

이 사진을 보여주었을 때 A, B, C 세 아이가 스스로 한 말이에요.
각각의 아이들에게 어떤 질문을 해도 될까요?

A아동 대상+장소   B아동 대상+행위   C아동 대상+장소+행위

A아동은 '대상+장소'를 말할 수 있습니다-- 대상, 장소를 묻는 1, 2번 질문하기.
B아동은 '대상+행위'를 스스로 말할 수 있습니다. --대상, 행위를 묻는 1, 3번 질문하기
C아동은 '대상+장소+행위'를 말할 수 있습니다. -- 1~3번 질문 모두 OK.

> 1. 아이의 문장능력을 키워준다.
> 2. 아이의 문장능력을 파악한 후 수준에 맞는 질문을 한다.
> 3. 누가, 무엇, 어디를 먼저 학습하고
>   왜, 어떻게, 언제는 나중에.
>   (단, 행동을 묻는 '어떻게 했어?'는 먼저 학습할 수 있다))

질문하기

질문을 하지 않는 아이가 질문을 하게 하려면?
1. 궁금한 게 있는데 말소리를 못 내서 질문을 못 한다.
2. 궁금한 게 없다.

1번. 말소리를 원활하게 못 내는 경우, 즉 발음이 안 좋거나 말소리 모방이 어려운 경우입니다. 이런 아이들은 쉬운 말도 즉시 툭 내뱉는 것이 어려워요.
질문의 가장 기초 "이거 뭐야?" 이름 물어보는 거죠.
아이가 말소리를 못 내고 그냥 포인팅만 하거나 "어?"하고 발성을 한다면
"뭐야?" 의 가장 첫소리 '머'를 따라하게 하세요.
아이가 포인팅하면 알려주기 전에 "멈멈멈머?"를 따라하게 해보세요.

점차 스스로 "머?" "머야?"로 질문하게 기다려주세요. 흔히들 "이거 뭐야?"로 따라하게 하는 경우가 많아요. 말늦은 아이에게 말을 가르칠 때에는 항상 짧게 떼어서 가르쳐 준 다음 늘여야해요. "뭐"부터 말하게 해주세요.

녹음부저를 이용해도 괜찮아요. 앞서 예스노 대답용으로 사용하던 녹음부저에 "뭐야?"를 녹음해보세요. 아이손을 잡고 부저를 함께 누르고 "뭐야?"소리가 나면 엄마가 대답해줍니다. 반복하면 아이가 재미있어서 부저를 스스로 누를 거예요.
나중에는 부저가 없이도 스스로 "뭐야?"라고 질문하게 되어요.

2번. 궁금한 게 없는 경우. 궁금하게 만들어야겠네요. 어떤 것이 궁금할까요?

- 찾는 물건이 어디있는지 모른다.

150페이지의 눈앞에 없는 것을 "어디있어?"물어보는 활동으로 진행하세요.

- 이름을 말해야 엄마가 그걸 주는데 뭔지 모른다.

아이가 좋아하는 간식을 주먹에 숨긴 후 "뭐야?"질문하면 펼쳐보이며 이름을 말해주세요.

- 과제를 끝내려면 이름을 알아야 한다.

스티커 한 장을 다 붙이는 과제를 해요. 엄마가 스티커를 들고 있고 아이가 엄마에게
"~붙여"로 지시하는 활동이에요.
돼지 붙여, 병어리 붙여, 멍멍 붙여 하다가 모르는 것이 나오면 "뭐야?" 물어보게 하세요. 다 붙여야 과제가 끝나기 때문에 모르는 것을 물어보려 할 거예요.

* 탁트임 유튜브에 '아이가 질문하게 하는 10가지 방법'과 '1일1팁 뭐야 질문하게 하는 방법'에 더 자세히 나와있으니 참고하세요

6
엄마표 활동에 관심이 없어요!

엄마가 준비한 활동들에 관심 없는 아이..
많이 속상하지만, 힘내봐요!
작전을 다시 세워보는 거예요.

아이의 눈높이에 맞추면
함께 같은 것을 볼 수 있어요.
거기에서 상호작용이 시작되죠.

상호작용이 잘 안되는 아이,
엄마표 활동에 관심없는 아이를 위한 솔루션입니다.

엄마가 바라는 것

아이는..

엄마와   **같이 있는 것이 편안하다**

엄마와   **같이 노는 것이 즐겁다**

엄마와   **같은 것을 본다**

엄마와   **눈맞춤을 한다**

엄마에게 상호작용   **시도를 한다**

엄마의 시도에   **반응을 한다**

엄마와   **주고받고를 반복한다**

How
어떻게 이끌어줄까요?

엄마가 돌아볼 것

엄마는..

⑥ 엄마표 활동에 관심이 없다면

아이와　　　　　같이 있는 것이 편안한가요?

아이와　　　　　같이 노는 것이 즐겁나요?

아이와　　　　　같은 것을 보나요?

아이와　　　　　눈맞춤을 하나요?

아이에게 상호작용　시도를 하나요?

아이의 시도에　　　반응을 하나요?

아이와　　　　　주고받고를 반복하나요?

Why
왜 아니라고 답했나요?

아이의 눈높이에 맞추기

눈높이가 맞아아 상호작용이 시작됩니다.
상호작용이란 서로가 서로에게 반응하는 것.
전혀 다른 곳을 보고 있는데 서로가 서로에게 반응할 일이 생기지 않죠.

"눈높이가 맞아야 상호작용이 시작되는데
아이가 내 눈높이를 맞추는 것보다 내가 아이 눈높이에 맞추는 것이 더 쉽다."

당연한 얘기 아니야? 하실 수 있어요. 하지만 이것을 실천하기는 쉽지 않답니다.
아이만 고집이 센 게 아니에요. 내가 고집이 세다는 것은 인정하기가 싫어요.
눈 딱 감고 한번만 아이의 눈높이에 맞춰서 기다려보세요.

아이에게 사다리를 갖다주려 하지말고 내가 바닥에 앉아보세요.

일단 눈높이를 맞춘 후 앉은 채로 기다리면 어쩌다 한번 눈맞춤이 되는 순간이 있을 거예요. 그 순간을 놓치지 말고 비언어적이든 언어적이든 소통을 하세요.

아이를 지켜보며 우연한 기회의 눈맞춤을 기다려요

타인에게 너무 관심이 없는 아이의 경우는 이렇게 생각하셔도 좋아요.
학창시절에 도서관에서 자주 마주치는 남학생 혹은 여학생을 짝사랑하게 됐어요.
이 사람이 나를 좋아했으면 해요. 그래도 대뜸 처음부터 만나자고 말하진 않겠지요.
첫 단계는 나의 존재를 알리는 거예요. 우연히 자꾸 그 친구와 마주치는 기회를 만드는 거죠.
그 다음은요?
우연히 말을 건넬 기회를 찾는거죠.
상황 안 보고 대뜸 들이대면 '이 사람 뭐야' 하잖아요 .

어찌 보면 너무 당연한 이야기인데도
부모는 **내가 요청할 때 아이가 당연히 관심을 가지기를** 바라는 것 같아요.

아직 사회성이 발달하지 않은 아이, 기질적으로 타인에게 관심이 없는 아이가 있어요.
부모는 상호작용 좀 해보려고 애가 타지만 아이 입장은 그게 아니라는 걸 알아야해요.
아이는 아쉬울 게 없거든요.
길거리에서 목이 터지게 '매장 안에 들어와서 할인 상품을 구경해보라'고 외치는 화장품 가게 직원들을 그냥 지나치는 우리의 입장과 같다고 보시면 돼요.

반대로 뭔가 쓸만한 선물을 제공하는 이벤트에는 반응이 어떤가요?
많은 사람들이 줄을 길게 서서 받아요.
내가 원하는 것을 아이에게 제공하는 것이 아니라 **아이가 원하는 것을 제공해야**
상호작용하고 의사소통할 마음이 생겨요.

같이 있는 게 편안하다

어떤 아이는 혼자 노는 것을 선호해요.
혼자 자동차 바퀴를 굴리거나 물건을 일렬로 세우고는 그것을 보는 걸 좋아해요.
누군가 간섭하거나 놀이에 끼는 것을 불편해하죠.

"혼자 노는 거 아니야. 다른 사람이랑 같이 놀아야 돼."
말로 수백번 수만번 말한다고 바뀌지 않아요.

"뽀로로가 자동차 타요. 마트로 출발!"
바퀴 굴리기를 중단시키고 역할놀이로 바꾸어보려고 엄마는 노력하지만
글쎄요. 아이는 그런다고 바뀌지 않아요.
귀찮아할 뿐이죠.

이렇게 생각해봐요.
어떤 사람이 간섭하기 좋아하는 시어머니와 함께 살고 있어요.
잘 지내고 싶은 마음, 잘 해주려는 마음은 있지만 사사건건 간섭하고 본인의 방식을
고집한다면 함께 지내기가 어때요? 친절을 베풀어도 그 친절이 친절로 와 닿지 않아요.
며느리는 함께 있는 것이 불편해서, 혼자 휙 다른 방으로 가버리게 돼요.
또 본인이 좋아하는 음식만 먹자고 하고, 본인이 좋아하는 TV프로그램만 보자고 하면
어때요?
"네가 좋아하는 그 음식은 건강에 안 좋은거야. 이걸 먹어야지."
"한국사람은 밥을 먹어야지. 그걸로 식사를 때우면 안 돼."
"어휴. 쟤네들 나와서 떠드는 거 시끄러워서 못 보겠다. 딴 거 틀어봐."

그러다 어느날부턴가 그 시어머니가 달라졌어요.
이전에 며느리가 어떤 행동 하나 하면 토를 달고
하나하나 알고 싶어 질문공세를 했었는데 이제 그러지 않아요.

어느날 외출하고 돌아오니
그 전 같으면 자꾸 돌아다니니, 돈을 많이 쓰고 다니니 등 잔소리부터 할텐데
그러지 않고 "어. 왔구나." 함박미소와 함께 따뜻하게 맞아줍니다.
어디 갔다 왔나 묻지도 않습니다.
며느리가 좋아하는 음식 해놓고 "얘야. 너가 좋아하는 파스타 한번 해 봤다."
이제는 식사 후 설거지를 바로 하지 않고 쌓아두어도 잔소리 하지 않아요.

며느리의 마음이 바뀝니다.
같이 있는 게 불편해
같이 있는 것도 나쁘지 않은데
같이 있는게 편안해

요즘은 이런 시어머니는 없지요.
통제하고 가르치는 것이 사랑이라고 알고 있었던 시절에나 그랬지요.

유난히 혼자만 놀려고 하고 타인에게 관심을 가지지 않는 아이가 있어요.
너무 여리고 예민한 아이일 수도 있고, 선천적으로 타인에게 관심을 덜 가지는 기질일 수도 있어요.
특히 자폐스펙트럼 아동은 감각도 예민하여 다른 사람이 제시하는 말과 행동들에 깜짝 놀라고 불편해 하는 경우가 많이 있어요. 스스로 편안함을 찾아 어떤 행동을 해요.
그런 아이와 상호작용을 하려면
우선 **이 사람과 있는 것이 편안하다라는 느낌**을 주어야 해요.

앞서 예를 든 시어머니와 며느리 얘기는 엄마, 아이와 조금 다른 상황이긴 하지만 불편함에 대해 얘기하려고 했던 거예요.
자꾸 말을 시키고, 간섭하고, 통제하고, 아이가 좋아하는 것을 이상하다고 여기면
아이는 혼자 있는 것이 더 편안할 거예요.

어떻게 하면 우리 엄마랑 같이 있는 것이 편안하다고 느낄까요?
우선 아이가 노는 공간에 함께 있으며 편안한 느낌을 주는 것부터 시작해보세요.
아이가 편안해 하는 환경을 만들어주고, 불쑥 큰 소리로 말을 걸거나
아이가 어떤 활동에 몰두하고 있을 때 방해하지 않으면 돼요.
곁에 있으면서 아이를 지켜보고 빙긋 웃어주고, 아이가 필요로 하는 것을 도와 주세요.

❻ 엄마표 활동에 관심이 없다면

> 누군가 함께 있다는 것을 안다.
> 그리고 그 사람과 있는 것이 편안하다.

같이 노는 것이 즐겁다. 같은 것을 본다.

아이와 깔깔거리며 즐겁게 놀이하는 걸 떠올려보세요. 어떤 놀이인가요?

아이가 하는 말과 행동을 지적하지 말고, 질문과 지시를 하지 말고 그저 그 놀이를 즐겁게 해보세요. 함께.

놀이를 하는 동안 자연스레 같은 것을 함께 보고, 서로 눈을 맞추게 될 거예요.

엄마, 아빠가 같이 하고 싶은 놀이는 1분도 안 하려고 하는데,
아이가 좋아하는 놀이는 5분, 10분 지속될 수 있을 거예요.
서로가 서로에게 주의를 기울이고, 함께 놀이에 집중하는 시간을 늘이세요.
5분, 10분, 20분, 30분..
그저 즐겁게, 놀이가 오래 유지되는 것에 집중하세요.

❻ 엄마표 활동에 관심이 없다면

> 아이와 함께 깔깔거리며 즐겁게 논다.
> 놀아주는 것이 아니라 함께 즐긴다
> 놀이를 하는 동안 서로 눈맞추거나
> 같은 것을 함께 본다.

눈맞춤을 한다

눈맞춤이 너무 안 되는 경우는 어떻게 할까요?
눈 봐야지. 하고 말로 지시하면 될까요?
그런 경우에는 일시적으로 보긴 하지만 자연스러운 눈맞춤이 일어나지는 않아요.

1. 아이의 놀이를 가만히 관찰하다가 눈맞추는 순간 강화한다.
아이가 자동차놀이를 하고 있어요. 곁에 있는 엄마에게 관심이 없지만, 엄마는 계속 지켜봐요. 놀이를 하다 어느 순간 고개를 들어 엄마를 볼 때가 있어요. 그 순간을 놓치지 말고 밝게 웃어주세요.
"어머~ 우리 철수가 엄마 봐줬구나." 하고 환한 웃음으로 반겨주면 아이도 기분이 좋아요. 의도 없는 행동이었지만, 눈맞춤이라는 행동과 긍정적인 정서가 연결되었어요.
반복적으로 눈맞춤에 대한 보상(엄마의 칭찬과 미소)이 이루어지면 아이는 자연스레 눈맞춤을 잘하게 될 거예요.

이렇게 번쩍 안아올려서 눈맞출 수도 있고

우연한 기회의 눈맞춤을 기다릴 수도 있어요

2. 눈을 맞추고 요구하도록 유도한다.
아이가 좋아하는 간식이나 장난감을 반복적으로 받을 기회를 만드세요.
예를 들어 젤리를 엄마 눈높이에 들고 있다가 아이가 자연스레 눈 쪽을 보면 젤리를 주세요. 주세요 손 동작을 함께 해도 좋아요.
비언어적 소통에 집중하도록 말은 하지 않는 것이 좋아요.

> 우연한 기회의 눈맞춤을 강화한다.

자폐스펙트럼 아동을 위한 집중적 상호작용

타인에게 전혀 관심이 없어 상호작용이 어려운 자폐스펙트럼아동이라면
집중적 상호작용intensive interaction을 해보세요. 유튜브 Dave Hewett 채널에
사례 동영상이 여러 개 나와있어요.

상동행동을 하는 아동은 교사에게 관심이 없었지만, 교사가 자신의 곁에서 따뜻한 시선으로 바라봐주며 자신의 행동을 모방하자 관심을 가지게 됩니다. 아동의 행동에 교사가 반응하고, 아동의 행동에 교사가 반응하자 상호작용 의도가 없었던 아동에게 상호작용 의도가 생깁니다. 아동은 이것을 놀이로 생각하고 상호작용 시도를 하게 됩니다. 그리고 주고받고 주고받고 턴을 유지하게 됩니다.

교사는 혼자놀이를 하느라 눈맞춤이 안되는 아이 곁에 누워서 상호작용의 기회가 오길 기다립니다. 의도가 없는 아동의 행동에 반응을 함으로써 관심을 끌고 턴을 만듭니다. 아동의 우연한 행동에 반응해주고, 패턴을 만들어 즐거운 놀이로 이끕니다.

사진에서 알 수 있듯 자세부터 다르죠.
아이에게 "바로 앉아" "눈 봐야지"하는 것이 아니라 성인이 자세를 낮추어 눈을 맞춰요.
아이에게 말과 행동을 강요하지 않고 아이가 준비될 때까지 기다리는 태도도 필요해요.

사진 출처 https://www.youtube.com/user/III209/about Dave Hewett 유튜브채널

자폐스펙트럼 아동을 위한

집중적 상호작용

시도와 반응을 적절하게

우리 아이는 의사소통 시도를 많이 하는 편인가요, 반응을 많이 하는 편인가요?
엄마의 지시나 질문이 있어야 상호작용을 하고, 먼저 의사소통 시도를 하지 않는 아이.
또 반대로 반응을 하지 않는 아이도 있어요.
우선 아이가 먼저 시도하게 하세요.
시도에 해당하는 의사소통 기능은 다음과 같아요.

우선 아이가 의사소통시도를 빈번하게 할 수 있게 이끌어줘요.
우연한 기회에 아이가 의사소통시도를 한다면 반갑게 즉시 반응해주시면 됩니다.

예1. 아이가 엄마에게 요구할 때

"뚜껑 열어."

엄마가 즉시 "어~"대답하며 열어줍니다.

아이가 "엄마" 부르면 엄마는 즉시 "어" 하고 대답합니다.

예2. 아이가 아는 이름을 말할 때

"멍멍이"

엄마는 "어~그래 멍멍이네" 반응해줍니다.

아이가 먼저 시도하고, 엄마, 아빠가 즉시 반응해주는 경험을 많이 하면 아이는 자꾸 말을 하려고 해요.

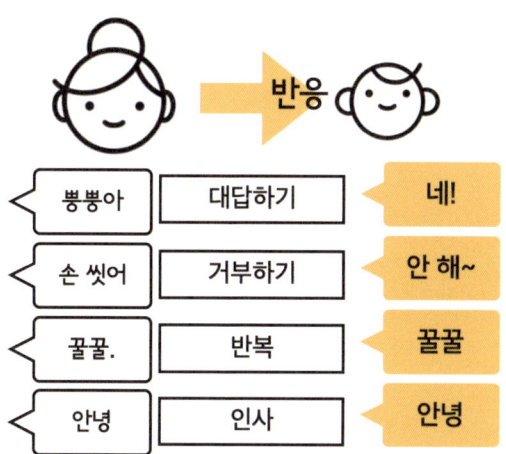

그렇게 말하는 게 즐거워진 아이는 엄마, 아빠의 말에도 대답을 잘 합니다.
"뽕뽕아"하고 이름을 부르면 "네."
"컵 갖다놔." 지시하면 "네"하고 갖다 놓거나 혹은 "안해"하고 거부하는 말을 합니다.
거부하는 말도 반응을 잘하는 것이기 때문에 부정적으로 받아들이지 말고 표현을 잘 하는 것이라고 생각해주세요.

> **반응 잘 하지 않는 아이라면
> 우선 아이가 시도하는 것에 잘 반응하기!**

지시따르기 잘 안되는 아이라면

듣고 지시따르기가 가능하려면 당연히 말의 의미를 이해해야겠지요.
그러나 말만 이해한다고 해서 지시따르기를 할 수 있는 것은 아니에요.

1. 말소리에 주의를 기울인다.
2. 말의 의미를 안다.
3. 상대의 말에 반응(행동)한다

1번과 2번이 가능하다고 해도 3번이 되지 않는 경우도 있지요. 왜 그럴까요?

일반적으로 어린 아이들이 양육자의 지시에 따르고 그에 대해 칭찬을 받는 것이
즐거운 상호작용 놀이가 될 수 있지만, 그렇지 않은 경우도 있지요.
의사소통 개념이 없어서
귀찮아서 또는 자꾸 시키니까 짜증나서.

1. 지시따르기는 요구하기를 잘 하게 된 후에 하는 것이 좋아요.
'아이는 엄마 말을 무조건 잘 들어야한다'라는 생각이 있다면 그 생각부터 버리고
좋은 의사소통 상대자의 역할을 해보세요. 말의 내용과 정확성보다는 주고받고 주고받고 서로 즉각 반응을 해주세요. 자꾸자꾸 의사소통을 하고 싶게 이끌어주세요.
저는 상호작용 빈도가 낮고, 의사소통을 잘 하지 않는 아이들이 있지요. 내가 먼저 이 아이들의 요구를 들어주고, 아이의 의사소통 시도에 즉시 반응해주니 아이들이 자꾸 상호작용을 하려고 하더라구요. 내가 아이의 말에 충분히 반응을 해줘야 아이도 내 말에 잘 대답하고, 내 지시에 잘 따릅니다.

또

2. 지시에 반응하는 반응률을 높이세요.
다음과 같은 패턴이 고착화되지는 않았나 생각해보세요.

 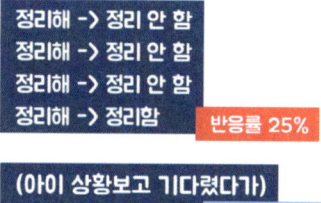

아이가 집중하지 못할 때 반복하여 지시하는 경우 말을 흘려듣는 습관이 생겨요.
3번 지시해서 3번 다 반응이 없으면 반응률 0%.
4번 지시해서 1번 반응하면 반응률 25%.
아이의 상황을 살피고 지시에 따를 수 있는 상황일 때 1번 지시하면 반응률 100%.

*아이가 수행하기 어려운 지시라면 실패하지 않도록 지시수행을 위해 즉시 도움을 주는 것도 좋아요.

> 의사소통 반응률을 높이는 것이 중요
> 반응하지 않을 상황에 지시하지 않기

백마디 말보다 한 턴 주고받기

"우리 아이는 주고받기가 안 돼요!"
언어치료를 하다보면 이렇게 말씀하시는 부모님을 많이 만나요.

그런데 그거 아시나요?
어른들도 아이에게 말할 때 주고받기가 안될 때가 많아요

들을 준비가 안 된 아이에게 지시부터 하기

이러면 화자(엄마)의 의사소통시도가 실패한거예요.
성공적인 의사소통을 이끌어주세요!

아이에게 건네는 말,
지시하는 말,
질문하는 말

매 한마디마다 반응을 기다려주고 들어보세요.
실제로 해보시면 아이의 의사소통능력이
놀랍게 성장한답니다!

❻ 엄마표 활동에 관심이 없다면

한번에 한가지 목표

아이들에게 가르쳐 주고 싶은 게 참 많지요.
하지만 **한 번에 한 가지만 알려주기** 잊지 마세요.

위의 경우처럼 **듣고 찾기**가 목표였는데 발음을 지적하게 되면 아이가 어떤 느낌을 갖게 될까요?
"우리 아이는 시키는 걸 너무 안 해요!"라고 말씀하시는 분이라면 이런 적이 없었나 한번 돌아보세요

한 가지 활동으로 여러가지 목표를 설정할 수도 있어요. 예를 들어서 그림책 한권으로 듣고 찾기도 할 수 있고, 표현을 이끌어낼 수도 있고, 발음연습을 할 수도 있어요.
하지만 그 세가지 목표를 한꺼번에 다 하려고 하면 오히려 독이 될 수 있어요.
 앞의 예에서는 '사과'를 찾은 것에 대한 긍정 피드백을 받아야 하는데 아이가 잘 찾은 것에 대한 피드백 없이 바로 발음에 대한 피드백을 주었지요.
애초 목표는 듣기 이해였는데 발음연습을 시키는 것이 되어버렸어요. 아이는 어떤 것에 집중해야 하나 혼란스러워요. 그리고 지적을 받아서 기분이 좋지 않겠죠.

Q. 그러면 위의 경우에는 발음은 어떻게 고쳐주나요?

아이가 잘 발음하지 못하는 말의 리스트를 작성하세요. 그리고 그 리스트에 '사과'를 추가하세요. 발음에 관한 활동은 듣고 찾기 활동과는 별개로 따로 계획하여 발음 연습만 진행하세요. 즉, 어떤 활동에서 또 다른 목표가 발견되었을 때는 메모해두었다가 다음에 따로 진행하는 것이 좋아요. 그래서 엄마표 언어치료를 할 때 목표를 꼭 계획하고 문서화하시는 습관이 필요합니다.

> 이번 활동의 목표는 ○○○○.
> 큼직하게 쓴 다음, 그것만 신경쓰면 돼요!

비디오 모델링

말을 가르치는 것은 실제 상황에서 자연스럽게 가르치는 것이 가장 좋지요. 그런데 어떤 아이들은 실제 상황보다 동영상을 통해 보았을 때 더 잘 이해하고 쉽게 모방해요.

"이거 기차야?"와 같은 의문문에 '예/아니오'로 대답하는 것을 반복하여 가르쳐도 이해를 못 하던 아이가 있었어요. 그런데 또래 아이가 대답하는 동영상을 본 후 예/아니오 개념을 이해하고 적절하게 대답할 수 있게 되었어요.
특히 자폐스펙트럼 아동은 시각적인 단서에 의존하는 경우가 많아 말을 배울 때 그림이나 사진, 동영상 등을 활용하면 더 빨리 학습합니다.
저는 비디오모델링을 언어치료 시간에 적극적으로 사용하는 편이에요. 부모님들께도 추천하고 있구요. 단, 동영상을 활용하려면 어느 정도 발달이 이루어져서 영상에 등장하는 인물이나 대상을 알아보는 단계여야 합니다.

특히 두 사람이 말을 주고받는 것을 가르쳐야하는데, 역할을 해줄 사람이 없이 혼자 아이에게 가르쳐야 할 때에도 좋아요.
실제 상황에서 말을 가르칠 때 의사소통 개념이 무너지는 경우가 있어요.
의사소통은 화자가 청자에게 메시지를 전달하는 과정이라고 했었지요.
그런데 엄마가 아이에게 말을 가르치면서 이 기본요소가 흐려질 수 있어요.
화자가 청자에게 **전달하고자 하는 메시지**와
'**네가 이렇게 따라말했으면 해**'라는 **모델링**이 구분 없이 들어가는 거예요.
그러면 화자 청자 개념이 무너지고 아이는 혼란스러워요.
'이 말을 나한테 들으라고 하는 거야, 따라하라는거야?'
이러한 이유로 실제상황에서 말을 가르칠 때에도 아이와 대화하는 상대자 이외에 아이를 도와주는 촉진자 역할의 사람이 있어야 해요.

비디오모델링은 제 3자 입장에서 눈 앞에 보이는 화자, 청자의 역할을 보며 상황에 따라 각 인물이 해야할 말을 배울 수 있어요

화자-청자 입장에 혼란이 생기지 않는다는 이유 외에도 좋은 점이 또 있어요.
모니터라는 네모난 틀 안에 영상이 나오면 따로 강조하지 않아도
'이 네모 안에 나오는 것을 봐'라는 메시지가 됩니다.
실제 상황에서는 틀이 없이 눈 앞에 펼쳐진 수많은 보고 들리는 것들 중
부모님이 가르치려는 말이나 행동에 집중하지 못할 수 있어요.

비디오모델링의 가장 좋은 방법은 아이 자신이 적절한 말이나 행동을 한 것을 보는 거에요. 하지만 말을 잘 못하는 아이 자신이 모델링이 되는 영상을 찍긴 어렵겠죠.
말을 따라하게 한 후 편집하여 스스로 대답하는 것처럼 보이게 할 수 있는 것도 좋아요.

말 뿐 아니라 아이가 하는 긍정적인 행동 무엇이든 비디오 모델링으로 활용할 수 있어요. 예를 들어 아이가 정리하는 모습을 찍어서 보여주고 칭찬해주면 이후 정리를 잘 하려고 해요. 동영상을 학습에 활용할 때에는 아이 혼자 보게 하지 마시고 꼭 어른이 함께 보며 이끌어주세요.

유튜브 영상 '말배우는 동영상'시리즈로 비디오모델링을 보여줄 수 있어요
아이 혼자 보게 하지 마시고, 함께 보시며 말을 이끌어주세요

7
질문 모음

시켜야 말하는 아이

Q.
아이가 자발적으로 말하는 단어가 없어요. 과자나 물 등 원하는 것을 달라고 할 때 엄마가 "물 주세요 해야지."라고 말해야 따라 말해요. 어떻게 할까요?

A.
먼저 그림이나 사진을 보고 그 단어를 많이 말하도록 연습합니다. 처음에는 따라말해야 하지만 반복적으로 연습하면 보는 즉시 '과자' '물' 하고 이름을 말할 것입니다. 그 다음 실제 상황에서 물을 주지 않고 들고 있으면 '물'이라는 말을 할 거예요. 만약 하지 못하면 입모양 힌트를 주세요. 말하는 연습을 많이 하고 실전에서는 힌트 없이 기다려보고, 기다려도 못하면 힌트를 주고 다시 반복하면 됩니다. 따라말하게 할 때는 "주세요 해야지"말은 하지 않고 아이가 해야할 말만 "물" 짧게 들려주세요.

어휘를 실제 상황에서 쓰게 하려면 다음과 같이 학습하시면 됩니다.
숙달된 단어는 말해보도록 기다리기.
훈련중인 단어는 첫음절이나 입모양 힌트를 주기.
새로 학습하는 단어는 처음부터 따라말하게 하기.

아이 발음을 못 알아 들을 때

Q.
아이 발음이 너무 뭉개져서 못 알아들을 때가 많아요. 그럴 때 다시 말해보라고 하는데 그래도 못 알아들으면 아이가 화를 내요. 어쩌면 좋을까요?

A.
시간이 약이지요. 금세 해결할 수 있는 문제는 아니에요.

1. 근본적으로는 발음이 좋아지도록 훈련을 해야겠죠. 정확하지 않아도 괜찮으니 자음포인트를 살리는 연습과 턱운동을 많이 해주세요.

2. 해당 상황에서 즉시 아이에게 공감표현을 해주세요.
"아이고. 엄마가 또 못 알아들었네. 답답하지. 아유 답답해."
감정을 가득 담아 크게 얘기해주고 아이를 꼭 안아주세요.

물을 우라고 발음해요

Q.
물을 우라고 발음하는데 아무리 따라하게 해도 우라고 해요.
맘마할 때는 ㅁ발음이 가능해요.

A.
엄마가 '물'이라고 말할 때 모음을 길게 발성하지 마시고 입술이 붙었다 떼어진다는 것을
강조해주세요. 무울 하고 말하면 입술이 붙는 순간은 처음 잠시이고 동그란 입모양만
보이게 되어요. 입술이 붙는 것을 반복하여 보여주세요. 무.무.무. 짧게 여러번.
혹은 입술을 좀 더 강하게 붙여서 뿌.하고 짧게 들려주셔도 좋아요.

단어를 늘려야 하나요, 문장 확장을 해야하나요?

Q.
현재 20개 단어를 말할 수 있어요. 단어를 더 많이 표현하게 해야 하나요 아니면 문장으로 말하게 도와줘야 할까요?

A.
두 가지 모두 하시는 게 좋아요. 20개 단어를 표현하는 아이라면 아직 발음이 원활하지는 않을 거예요. 따라서 쉬운 말소리의 1~2음절 위주로 표현어휘를 늘려주시고요.
이미 잘하는 단어들을 서로 연결하게 도와주세요.

예를 들어 엄마, 아빠, 밥, 안녕, 우유, 물, 까까, 악어, 가를 할 수 있는 아이라면 이 단어들을 서로 조합하게 해보세요.
엄마 안녕, 아빠 안녕, 엄마 물, 아빠 물, 엄마 악어, 아빠 악어, 엄마 가, 악어 가..

그리고 이미 잘 하는 한 단어도 꾸준히 반복하여 말할 수 있게 해주세요.
한 단어를 말할 때 완전히 숙달되어 에너지가 크게 들어가지 않아야 두 단어 연결을 할 수 있어요.

물 줄까 따라말하는 아이

Q.
아이에게 "물 줄까?" 물어보면 네 아니오 대답하지 않고 "물 줄까?" 따라말해요.

A.
우선 "물 줄까?"라는 질문을 하지 마세요.
질문에 따라말한다면 질문이라는 개념이 아직 없는 단계입니다.
엄마가 묻지 않아도 스스로 먼저 "물 줘"라고 말할 수 있게 연습하세요.
스스로 요구표현을 힌트 없이 잘 할 수 있게 되면 보다 다양한 어휘로 요구할 수 있게 하고, 그 다음에 질문에 대답하는 것을 가르쳐보세요.

상대가 해야할 말을 자신이 해요

Q.
물을 먹고 싶으면 "엄마가 물 줄게"라고 말해요.
반향어인 것 같은데 어떻게 소거할까요?

A.
말이 늦는 아이들 중, 말을 통째로 외워서 사용하는 아이들이 있습니다.
이전에 들었던 말을 기억했다가 비슷한 상황에서 꺼내어 말하는 거죠.
대충 의미는 전달되지만 더 정확하고 구체적인 정보를 제공하기 어려워 향후 대화가 매끄럽지 않게 됩니다. 남이 나한테 해야 할 말을 쓰는 거죠.

자신이 엄마한테 물을 주면서 '물 줘'라고 말하거나 엄마한테 물을 달라고 할 때 '물 줄게'라고 말하는 경우 모두 반향어에 속합니다.
반향어는 소거하기보다는 적절한 말을 학습하도록 도와주면 됩니다.

남이 나한테 주길 바라면 '물 줘'   내가 남한테 줄 때는 '물 줄게'
바람직한 모델링을 반복해서 보여주고, 물 줄게와 물 줘 뒤에 다른 결과가 온다는 것을 깨닫도록 보여주면 됩니다.

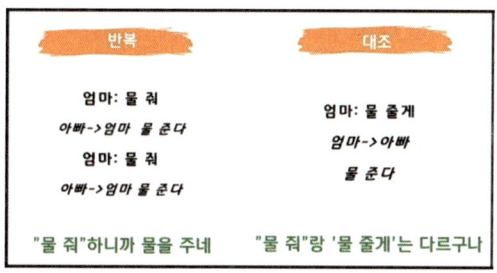

반복적인 질문을 많이 해요

Q.
말이 늦게 트인 5살 아이입니다. 요즘 반복적인 질문을 많이 해요.
"할머니 집 갈거야?"라고 물어봐서 "안 가."라고 대답해주면 "이모집에 갈거야?"라고 이어서 물어봅니다. 이런 식으로 반복하여 질문을 하는데 대답을 해주어야 할까요?

A.
아이의 언어발달단계에 따라 다르게 적용할 수 있을 것 같아요.
반복적인 질문은 상대를 고려하지 않는 부적절한 상호작용입니다.
하지만 이제 막 말을 시작한 아이라면 이렇게 질문하는 것을 반갑게 생각하고 기쁘게 대답해주세요. 대화의 내용은 부적절하지만, **주고 받고 주고 받고 하는 대화의 형식을 연습하는 과정**으로 생각해주세요.
아이의 언어가 발달함에 따라 자연스레 이런 부적절한 질문은 감소하게 됩니다.
부적절한 말을 소거하려는 것보다 **의미있게 쓰이는 적절한 말의 비율이 늘어나게 하는 것**에 초점을 두세요.
만약 시간과 공간, 상대를 가리지 않고 이러한 질문공세를 해서 곤란한 상황이라면 **규칙을 정해주시는 것**이 좋습니다. 질문을 하는 행동 자체는 나쁜 것이 아닙니다.
"물어보기 하고 싶구나. 지금은 엄마가 **설거지하고 있으니까** 끝나고 하자."
"**엘리베이터에서는** 물어보기 하지 마. 다른 사람들도 같이 있으니까 조용히 해야돼. 내려서 이야기하자." 라고 명확하게 얘기해주는 것이 필요합니다.

바지는 잘 말하는데, 가방은 가강이라고 말해요

Q.
바지할 때는 ㅂ을 잘 말해요. 그런데 가방은 가강이라고 하는 이유가 뭘까요?

A.
같은 ㅂ 소리이지만 첫소리에 올 때와 단어의 중간에 올 때는 발음하는 방법이 달라요. 바지는 입술을 붙인 채로 시작하는 것이고 가방의 ㅂ은 가하고 벌린 상태에서 입술을 붙였다 떼는 동작이에요. '바지'의 ㅂ 처럼 맨 앞에 오는 ㅂ 소리를 잘 말한다면 바지, 배, 뱀, 불 등 첫소리가 ㅂ로 시작되는 다른 단어들을 우선 연습하세요. 두번째 음절의 ㅂ를 연습하려면 우선 가. 방. 끊어서 따라하게 하세요. 끊어서 따라하게 한 다음 '가방' 두 음절을 붙이는 연습을 하면 됩니다.

한음절로만 말하는 아이

Q.
아이가 1음절로만 따라해요. 바나나는 바, 포도는 포 이런 식이에요.
어떻게 하면 길게 말할 수 있을까요?

A.
첫소리로 1음절을 내는 것은 괜찮습니다. 만약 포도를 도, 수박을 박이라고 한다면
첫소리인 포와 수를 따라하도록 하는 것이 좋습니다.
1음절로 이루어진 단어를 연습하신 후 그 둘을 붙이셔도 좋아요.
밥, 배, 뱀, 줘, 와, 가 등의 1음절어를 연습한 후 이를 붙여서 밥 줘, 뱀 가 2음절로 연습하세요.
바나나를 연습하려면 바. 나 끊어서 따라하게 한 후 이를 붙이는 연습을 하면 됩니다.
바. 나. 바. 나 충분히 교대할 수 있게 연습한 후 바나. 이어주세요.

또 같은 음절이 반복되는 단어로 2음절연습을 해도 좋아요.
다다(문 닫아), 빵빵, 멍멍, 쨱쨱, 빠빠 등 반복되는 2음절을 우선 연습하세요.

혀를 후방화하는 아이

Q.
딸기를 까기, 닫아를 가가로 말해요. 아무리 따라하라고 해도 ㄴ, ㄷ 발음이 안 되네요.

A.
ㄴ, ㄷ, ㅌ, ㄸ 발음은 혀가 앞쪽으로 나오는 소리예요.
우선 혀 내밀기와 혀를 내고 유지하기를 할 수 있어야 하고요.
혀를 내고 턱도 동시에 움직일 수 있어야 합니다.
혀 내밀기-> 혀 내밀고 3초 유지하기-> 혀 내밀고 에 소리내기-> 혀 내밀고 소리내면서 턱도 움직이기 (난난나 따따따) 연습을 해보세요.
그리고 나서 타, 닫아, 뜯어와 같은 단어로 연습해보세요.

맺음말

2021년 낱말카드 교구를 출판하면서 출판사 업무가 삶의 일부가 되었다.
치료실에서 아이들을 직접 만나고 이끌어주는 것도 보람있고 중요한 일이지만,
블로그와 유튜브, 그리고 출판물을 통해 직접 만나지 못하는 사람들을 도울
수 있는 것도 중요하고 가치 있는 일이라는 생각을 하게 되었다.
특히 언젠가 치료센터가 없는 지역에 거주하여 언어치료를 받을 수 없는데
내 블로그를 보고 그대로 활동해보았더니 효과가 있었다는 말씀을 듣고
이 일의 가치를 확신하게 되었다.
첫 저서라 미흡한 점이 많지만, 용기 있게 세상에 내놓을 수 있는 것은
부끄러운 마음보다 이 책이 누군가에게 조금이나마 도움이 되길 바라는 마음
이 더 크기 때문이다.

언어치료학계의 허준이라고 말씀해 준 어느 어머니의 과분한 칭찬이 힘이 되어
포기하고 싶은 생각이 들 때에도 끝까지 집필을 이어갔던 것 같다.
육아만 해도 힘든데 아이 말까지 이끌어주기 위해 오늘도 고군분투하는
대한민국 말늦은아이 엄마들을 응원하며 이 책을 마친다.

감사한 분들

탁트임언어치료 블로그와 유튜브를 사랑해주시는 모든 분들.

산본 탁트임 센터를 찾아주시고 믿어주시는 부모님들과 예쁜 아이들.

응원해주시고 힘을 주셨던 열정 많은 비톡 선생님들. 클래스선생님들.

일 핑계로 늘 까탈스럽게 구는 나를 받아주고 지지해주는 천사같은 남편.

바쁜 엄마를 이해해주고 선뜻 엄마를 도와 모델일까지 해준 아들 해찬,

엄마의 부족한 보살핌에도 씩씩하게 잘 커준 꼬마 웹툰작가 리나, 리영.

그리고 소중한 가족, 엄마, 아빠, 일태오빠와 민서..

많이 지쳐 포기하고 싶은 순간, 늘 손 잡아 끌어주셨던 무지개샘 강은혜 선생님.

1인언어치료연합 초창기부터 지금까지 늘 한결같이 본보기가 되어주시는

이진선, 임경미, 이태영 선생님.

가까운 곳에서 힘이 되어 주시는 -임영진, 조춘화, 정화영 선생님.

나의 조력자 하나둘셋SLP 김혜은선생님과 씩씩한 열정가 김혜은 학생.

초보 치료사 시절 아낌없는 가르침 주셨던 박성연원장님.

초고를 쓰는 동안 러닝메이트가 되어준 김수아선생님.

존경하고 사랑하는 은사님, 신명선 교수님, 이희란 교수님.

덜컥 저질러 놓은 창작물을 완성할 수 있도록 끝까지 이끌어주신

편집디자이너 오선미 선생님께 감사의 인사를 전한다.

2022. 1월 저자 김다은.

탁트임 엄마표 언어치료

초판 발행 2022년 2월 7일
5쇄 발행 2025년 4월 18일

지은이 김다은
펴낸곳 탁트임출판사
출판사 등록번호 251002021000001
주소 경기 시흥시 서울대학로로 278번길 25-24
이메일 slp8070@naver.com

잘못된 책은 구입처에서 교환해드립니다
이 책에 실린 모든 내용, 디자인, 이미지, 편집 구성의 저작권은 탁트임출판사와 지은이에 있습니다.
이 책은 허락없이 복제할 수 없습니다. 무단 게재나 불법 스캔본 등을 발견하면 출판사나 한국저작권보호원에 신고하여 저작권자와 출판권자를 보호해주십시오.

ISBN 979-11-974190-3-4
가격 28,000원

엄마표 언어치료 하시다 궁금한 점이 있다면
네이버 **탁트임언어치료 카페**에서 문의해주세요.
저자 탁트임샘이 직접 답변해드려요!

cafe.naver.com/slp8070
네이버 검색 '탁트임언어치료 카페'